안전에 대한 심리학적 담론

챗GPT와 안전심리학자와의 대화

김찍호 교수

안전에 대한 심리학적 담론

챗GPT와 안전심리학자와의 대화

김직호 교수

저자 프로필

김직호 교수

• **소속**
- 전) 경찰대학교 / 경찰인재개발원 외래교수
- 현) 산업안전보건공단 겸임교수
- 현) 한국안전심리코치협회 회장
- 현) 한국전인상담문화원 원장

• **연구분야**
- 비행청소년 및 가족상담 / 동기부여 코칭
- 조직심리와 기업문화 / 정치심리학
- 안전심리·안전심리코칭·안전심리부검
- 경찰상담심리·갈등관리 및 협상심리

• **강의경력**
- 2010년 ~ 현재 경찰대학교 / 경찰인재개발원 심리코칭 및 경찰상담심리
- 2010년 ~ 현재 산업안전보건공단 안전심리코칭 강좌 강의
- 2010년 ~ 현재 삼성전자 · LG전자 · 현대그룹 · 포스코 · 두산 · SK 등
  대기업 외 100여개 이상 기업 강의

- **경력 및 자격**
  - 한국코치협회KPC / NLP마스터
  - 경찰상담심리전문가 / 갈등조정 협상 전문가
  - 안전심리 및 안전심리코칭 전문가
  - 안전문화 및 위험성평가 전문가
  - 연세대 심리학과 · 카톨릭대학교 심리학 석·박사

서문

　산업 분야의 안전은 매우 중요한 문제입니다. 산업 활동은 그 자체가 생산과 경제적 이익을 창출하는 동시에 근로자들이 작업하는 환경에서 발생할 수 있는 위험 요소들로 인해 사고가 발생할 가능성이 높습니다. 이에 따라 산업안전은 모든 작업 현장에서 가장 중요한 이슈가 되었습니다. 안전사고가 발생하면 기업이나 국가 경제적으로도 엄청난 손실이 발생할 뿐만 아니라 사고를 당한 개인과 가정에는 이루 말할 수 없는 상처와 불행을 초래합니다.

　개인이 안전에 신경쓰고 유지하는 것은 본인의 귀한 생명을 보호하는 데도 큰 역할을 한다는 것 뿐만 아니라 "나의 안전"이 곧 "가족의 행복"이라는 인식을 가져야 합니다. 또한 기업에 있어서 산업안전은 안전사고로 인한 노동과 비용 상의 손실을 방지할 수 있을 뿐 아니라 기업의 사회적 책임을 다하는 것입니다. 산업 분야에서 일하는 모든 노동력은 안전한 작업 환경에서 일할 권리를 가지고 있으며 기업은 이러한 권리를 주목해야 합니다.

이글은 안전에 관한 가장 일반적인 내용을 챗GPT와의 대화형식을 빌어서 산업현장의 관리자와 근로자가 함께 부담없이 쉽게 읽어볼 수 있도록 정리하여 쓴 안전에 대한 가장 기본적인 입문서입니다.

이 책이 산업분야에서 일하는 모든 분들에게 자신의 조직에 가장 적합한 안전 환경에 대하여 생각해보고 안전기준을 세우는데 도움이 될 수 있기를 바랍니다.

김직호 씀

목차

제1장 · 시작하면서

시작하면서

책GPT : 안녕하세요! 저는 챗GPT입니다. 오늘은 안전심리학 분야에 대해서 최고의 전문가를 모시고 이야기를 나눌 예정입니다. 말씀을 나눌 교수님은 자타가 공인하는 국내 최고의 안전심리학자이자 현장 안전전문가이십니다. 그동안 대학교에서뿐만 아니라 국내 최고의 대기업들과 공공기관 등에서 수많은 안전강의와 저서를 통해서 안전에 대한 교육을 해오고 계신 분입니다. 자리로 모시겠습니다.

안전심리학자 : 안녕하세요. 반갑습니다. 안전심리학자 김직호 교수입니다.

책GPT : 교수님, 반갑습니다. 귀한 자리 함께 해주셔서 진심으로 감사드립니다. 우선, 교수님 소개를 직접 부탁드리도록 하겠습니다.

안전심리학자 : 네. 저는 산업현장에서 발생하는 여러 사고들을 심리학

적인 측면에서 다루고 연구하는 사람입니다. 안전심리학과 안전심리코칭 그리고 안전문화에 대해서 학교 및 기업체, 공공기관 등에서 가르치고 있습니다.

책GPT : 네, 정말 반갑습니다. 교수님! 산업현장에서 이루어지는 어떤 작업들은 매우 위험한 일들이 많기 때문에, 안전에 있어서 다양한 접근이 정말 필요한 것 같습니다. 그런데 그중에 교수님이 말씀하신 이 안전에 대한 접근을 심리학이라는 학문으로 다룬다는 것은 저에게 있어서도 약간 낯선 것이 사실입니다. 안전을 심리학적으로 다루는 것은 그리 오래되지 않았다고 들었습니다.

안전심리학자 : 네, 맞습니다. 우리가 안전이라고 이야기할 때 이 안전이라는 부분이 대부분 산업현장에서 다루어지는 분야로 생각하다보니, 안전이라는 분야에 대한 연구는 대부분 공학 쪽에서 '안전공학'이라는 이름으로 다루어져 왔습니다. 즉, 우리가 흔히, 인문계와 자연계로 이야기할 때 안전은 자연 계통 쪽의 '산업공학' 분야에서 거의 다루어져 왔습니다.

책GPT : 실제 제가 안전과 관련된 연구와 논문 등을 찾아보아도 지금까지 대부분의 연구가 자연계, 공학 쪽의 산업공학 관련 분야에서 연구가 되었더라고요. 그럼, 심리학 분야에서 이 안전이라는 부분을 다루게 되는 의의랄까? 어떤 식의 접근으로 이해할 수 있을까요?

안전심리학자 : 우리에게 사고가 발생하는 것은 무척이나 다양한 원인에 의해서 발생합니다. 자연계, 공학적 사고방식의 A-B-C-D의 순차적 논리 속에서 만약 C지점에서 사고가 발생했을 때, 그 원인을 앞선 선행의

B나 A에서 찾아서 수정하고 보완하는 식의 공학적 사고방식이 지금까지의 방법입니다. 이에 반해 인문학, 심리학에서는 그 원인을 앞선 선행요인뿐만이 아닌, 인간을 중심으로 그를 둘러싼 모든 내적, 외적 요인들의 공집합으로 그 원인을 본다는 것입니다.

책GPT : 아, 그렇군요. 안전사고의 원인을 인간을 둘러싼 여러가지 복합적 요인들의 공집합으로 본다! 상당히 의미 있는 말씀이시네요. 그럼, 이런 안전심리학은 언제부터 학문으로서 정립되어 본격적으로 연구되어 왔나요? 그 역사성이 궁금해지네요.

안전심리학자 : 네, 안전심리학은 산업혁명으로 인해서 다양한 공장의 기계와 시스템에 의한 산업 생산성이 중요시되던 시기에 인간의 노동력 손실이 생산성에 차질을 일으키지 않게 하려는 측면에서의 연구로부터 시작되었다고 볼 수 있습니다. 인간의 생명존중, 그 자체를 위한 연구가 안전심리학의 시초가 아니라 생산성을 위해 노동력을 잃지 않으려는 의도에서 그 연구가 먼저였다고 볼 수도 있는 슬픈 역사를 가지고 있다고 볼 수 있습니다. 말이 나온 김에, 여기서 우리는 안전심리학의 역사를 한번 살펴보고 가겠습니다. 챗GPT는 안전심리학의 역사에 대해서 자세히 조사해 주세요.

책GPT : 네, 알겠습니다. 조사해 보겠습니다. (Searching)

안전심리학은 인간의 심리와 행동이 안전과 관련하여 어떻게 작용하는지를 연구하는 학문 분야입니다. 안전심리학은 산업 안전, 교통 안전, 화재 안전, 의료 안전 등 다양한 분야에서 적용되며, 사고 예방 및 위험 관리와 같은 안전 전략을 개발하는 데 중요한 역할을 합니다. 대략적인 안전심리학의 역사를 연대순으로 정리해 보겠습니다.

1900년대 초반 : 산업혁명과 함께 산업 안전 문제가 대두되며, 인간의 행동과 관련된 안전 문제에 대한 관심이 높아짐.

1910년대 : 군사 작전에서 인간 요소를 고려한 인간 공학 (Human Factors Engineering)이 발전.

1920년대 : 인간 공학이 산업 안전 분야에 적용되면서 인간의 행동 및 환경 문제에 대한 연구가 진행됨.

1930년대 : 인간 공학 연구가 발전하면서, 안전 분야에서의 인간 요소 연구가 점차 확대되고, 노동 안전에 대한 법률적인 규제가 강화됨.

1940년대 : 인간 요소에 대한 연구를 통해 안전성 증진에 대한 관심이 높아짐. 군사 작전에서 인간 요소를 고려한 인간 공학 (Human Factors Engineering)이 발전하면서 안전과 관련된 인간의 행동 및 환경 문제에 대한 연구가 진행되었습니다.

1950년대 : 인간 심리학과 행동에 대한 연구가 발전하면서 안전심리학에 대한 연구가 본격적으로 시작, 안전과 관련된 인간의 행동 및 환경 문제에 대한 연구가 확대됨.

1960년대 : 화재 안전, 교통 안전, 의료 안전 등 다양한 분야에서 안전심리학이 적용되면서 안전 전략과 제도의 개선에 큰 역할을 하게 됨.

1970년대 : 안전심리학의 발전과 함께, 안전과 관련된 문제에 대한 인식과 대응이 더욱 정교해짐.

1980년대 이후 : 안전문화 개념이 강조되면서 안전심리학의 연구 방향도 바뀌게 됨. 안전사고의 원인을 찾고 예방하는 데 집중하는 것에서 안전사고가 일어나지 않도록 사람들의 안전의식을 향상시키는 데 주력하게 됨.

2000년대 이후 : 이전의 산업공학 분야에서 다루어지던 안전 문제를 심리학이라는 인문 분야에서 본격적으로 다루면서 인간행동의 심리적인 요인과 안전과의 연관성에 대한 연구가 본격화됨.

안전심리학자 : 잘 조사해 주었어요. 우리가 산업현장에서 그리고 다양한 일상생활에서 사고가 일어난다고 할 때, 그 사고의 원인은 크게 세 가지로 볼 수 있습니다.

첫째 작업 환경적인 원인. 둘째 인간의 실수와 같은 원인 . 세 번째

천재지변 등의 재난적 상황으로 볼 수 있습니다. 여기서, 천재지변의 재난이란 부분은 인간이 통제하기는 참으로 힘든 부분입니다. 물론 점점 통제의 영역으로 발전해 나가는 것도 사실입니다만, 아무튼 이 부분을 제외하면 작업장의 환경요인은 산업현장에서 안전과 매우 밀접한 관련이 있는 것이 분명합니다.

또한, 그 외에 사고가 일어나는 많은 경우를 분석해 보면 소위 휴먼에러(Human error)라는 인간의 실수에 의해서 일어나는 경우가 엄청나게 많은 것이 사실입니다. 그리고 갈수록 환경적인 요인과 인간적인 실수요인의 경계선 상에서 어느 부분에 원인이 더 많다고 이야기하기 어려워지는 추세이기도 합니다.

책GPT : 네, 알겠습니다. 그럼, 안전을 심리학적으로 접근한다는 것은 말씀하신 휴먼에러(Human error)측면에서 다룬다는 말씀인가요?.

안전심리학자 : 맞습니다. 심리학적 관점에서는 휴먼에러라는 말속에는 휴머니즘이라는 뜻이 내포되어 있습니다. 인간은 완전한 존재가 아니기 때문에, 늘 실수할 수 있다는 것이지요. 그런데 그 실수가 산업현장, 작업 현장에서 일어날 때, 그것이 자신의 생명과 직결될 수 있다는 것을 알아야 합니다. 작은 실수가 바로 엄청난 위험을 불러일으키는 것이죠. 그렇기 때문에 안전심리학이라는 학문이 최근 들어 각광을 받고 휴먼에러에 대한 많은 연구가 본격적으로 진행되고 있는 이유입니다.

책GPT : 네, 안전은 모든 사람에게 중요한 문제이며, 안전에 대한 인식이 더욱더 고취되고 다양한 학문적 연구와 현장의 올바른 대처 방법들은 매우 중요합니다. 안전사고는 인명과 재산상의 큰 손실을 야기할 수 있으므로 예방과 대처가 매우 중요합니다.

안전심리학자 : 그렇습니다. 안전사고가 발생하기 전에는 예방을, 발생한 후에는 대처와 복구를 신속하게 할 수 있는 준비와 능력이 매우 필요합니다.

책GPT : 맞습니다. 안전사고는 예측하기 어려운 경우가 많기 때문에, 안전사고가 발생하기 전에 미리 대비하는 것이 매우 중요합니다. 이를 위해 우리는 안전심리학적인 접근을 통해 안전성과 위험성을 이해하고, 안전에 대한 인식과 태도, 안전행동의 결정과 실행 등을 분석하고 개선해나갈 필요가 있습니다. 그래서 우리는 안전사고 예방과 대처를 위해 안전심리학적인 접근을 취해볼 필요가 있겠죠.

안전심리학자 : 맞습니다. 안전심리학을 통해 우리는 안전에 대한 인식과 태도, 안전행동의 결정과 실행, 그리고 안전성과 위험성에 대한 판단 등을 이해하고 분석할 수 있습니다. 이를 통해 안전사고를 예방하고 대처하는 데 도움이 됩니다.

책GPT : 그렇군요. 말씀을 들으니까 안전심리학에 대해서 더 많은 호기심과 궁금증이 생깁니다. 그럼 본격적으로 안전심리학에 대한 이야기를 나누어보도록 하겠습니다.

제 2 장 · 안전심리학은 무엇인가요?

안전심리학은 무엇인가요?

책GPT : 첫 번째 주제인 '안전심리학이란 무엇인가요?'에 대해 학문적인 측면에서 좀 더 자세히 알아보도록 할까요? 자, 교수님께서 안전심리학에 대해서 좀 더 자세히 알려주세요.

안전심리학자: 네, 쉽게 이야기하면 안전심리학은 인간의 심리적인 측면에서 안전을 다루는 학문입니다. 즉, 안전사고의 발생과 예방을 인간의 마음과 행동, 생각의 관점에서 이해하고 연구하는 분야입니다. 이것을 정리해서 말씀드리면 안전심리학은 사람들이 작업과 관련된 외부의 다양한 정보를 받고, 이를 이해하고 해석하여 안전한 행동을 결정하고 실행하도록 하는 인간의 심리과정을 이해하는 학문이라고 정의할 수 있습니다.

책GPT : 인간의 심리적 측면에서 안전을 다룬다. 당연히 호기심과 관심이 생기고 연구의 방향이 무척 궁금해집니다. 그럼, 심리학의 어떤 분야, 어떤 부분을 이용해서 연구를 하게 되나요?

안전심리학자 : 심리학의 영역에서 인간에 대한 연구는 매우 오랫동안 이루어져 왔습니다. 특히, 인간의 성격, 인지, 정서, 동기 등의 분야는 심리학이 인간을 이해하려고 그동안 많이 연구해 온 대표적인 분야입니다. 안전심리학은 바로 이러한 성격과 안전, 인지 기능과 안전, 정서와 안전, 동기와 안전이라는 부분을 가지고 안전에 대하여 보다 깊이 있는 연구를 진행하고 있습니다.

책GPT : 아, 그렇군요. 성격, 인지, 정서, 동기 등 각각의 분야에 대한 설명은 이후에 시간을 만들어 교수님과 다시 한번 이야기를 나누기로 하겠습니다. 교수님, 그러면 안전심리학이 중요한 이유는 무엇인가요?

안전심리학자 : 우리가 일상생활에서 노출되는 위험에 대처하는 능력은 우리의 심리적인 상태와 매우 관련이 있습니다. 안전사고가 발생하면 기계나 시설의 문제도 있겠지만, 사람의 오류와 부주의한 행동도 큰 원인 중 하나입니다. 따라서 안전사고를 예방하고 대처하는 데 있어서 안전심리학적 접근은 매우 중요합니다.

책GPT : 그렇군요, (Searching)
안전사고는 인명과 재산상의 큰 손실을 야기할 수 있으므로, 예방과 대처가 매우 중요합니다. 이를 위해서는 우선 안전에 대한 인식과 태도, 안전 행동의 결정과 실행, 그리고 안전성과 위험성에 대한 판단 등을 이해하고 분석해야 합니다. 안전심리학은 이러한 과정에서 사람들이 어떻게 인식하고 대처하는지를 연구하고, 안전사고 예방 및 대처를 위한 정책 수립과 교육 방법론에 활용됩니다.

안전심리학자 : 오호. 좋은 분석 내용이군요. 오늘의 대담 중에 이처럼 챗GPT가 중간중간 분석 정리해 주면 독자들이 더 쉽고 편하게 이해할 수 있겠어요. 부탁해요.

챗GPT : 네, 교수님. 그렇게 하겠습니다. 자, 그렇다면 안전심리학을 통해 우리는 어떤 것을 얻을 수 있나요?

안전심리학자 : 안전심리학을 통해 우리는 안전에 대한 인식과 인식의 변화, 안전과 위험에 대한 태도, 안전행동의 결정과 실행, 그리고 안전성과 위험성에 대한 판단 등을 연구할 수 있습니다. 이를 통해 안전사고의 발생 원인을 분석하고 예방하는 것뿐만 아니라, 안전문화를 조성하고 안전한 생활 환경을 만드는 데 도움을 받을 수 있게 됩니다.

챗GPT : 아, 그렇군요. 안전사고의 위험성에 대한 심리학적 분석과 예방이라고 정리할 수 있겠네요.

안전심리학자 : 그렇죠, 안전심리학적인 연구와 교육을 통해, 안전사고를 예방하기 위해 필요한 인식과 태도를 갖추는 것이 가능합니다. 예를 들어 안전에 대한 인식이 부족한 사람들은 위험한 상황에서도 안전한 선택을 하지 않는 경향이 높습니다. 하지만 안전심리학적인 교육을 통해 안전성과 위험성에 대한 인식과 판단 능력이 향상될 수 있습니다. 이를 통해 안전사고 예방 및 대처 능력을 강화할 수 있습니다.

챗GPT : 알겠습니다. 그러면 산업현장에서 이러한 안전사고 예방을 위한 안전심리학적인 접근 방법에는 어떤 것이 있을까요?

안전심리학자 : 안전심리학적인 접근 방법에는 다양한 것이 있지만, 가장 기본적인 것은 안전성과 위험성에 대한 인식과 판단 능력을 향상시키는 것입니다. 이를 위해서는 안전성과 위험성에 대한 정보를 제공하고, 이를 이해하고 해석할 수 있도록 시각적인 자료나 교육 프로그램 등을 활용하여 사람들이 안전에 대한 인식과 판단 능력을 향상시킬 수 있습니다. 또한, 안전한 환경을 조성하고, 안전행동을 촉진하는 제도나 정책을 마련하는 것도 중요합니다. 이러한 방법들을 통해 안전사고를 예방하고, 안전한 환경을 조성할 수 있습니다.

책GPT : 안전성과 위험성에 대한 인식과 판단 능력 향상이 매우 중요한 부분인데 이것을 향상 시키는 방법에 대해서 자세히 설명해 주세요.

안전심리학자 : 산업현장에서 안전성과 위험성을 평가하고 관리하는 데는 많은 심리학적 방법론이 사용됩니다. 그중에서도 가장 대표적인 것은 위험 인식 교육과 훈련입니다. 이 교육과 훈련은 사람들이 위험한 상황에서 올바르게 대처할 수 있는 능력을 강화하기 위한 것입니다. 여기서, 교육과 훈련의 차이가 무엇인지 챗GPT가 분석해 줄래요?

책GPT : 네, 알겠습니다. (Searching)

교육과 훈련은 서로 유사하지만 차이점이 있습니다. 교육은 개념, 이론, 지식을 전달하고 학습자의 이해력을 높이는 것을 목표로 합니다. 예를 들어 안전교육은 안전한 작업 방법, 위험요소, 규정 등에 대한 이론적인 내용을 전달하여 안전에 대한 인식과 지식을 습득시키는 것입니다.

반면에 훈련은 실제적인 기술과 경험을 쌓는 것을 목표로 하며, 교육과 달리 학습자가 실제로 행동하고 실행하는 것을 중요시합니다. 예를 들어 안전훈련은 실제로 작업 환경에서 안전하게 작업을 수행하는 방법을 학습자들이 경험하면서 습득하도록 하는 것입니다.

따라서 교육과 훈련은 서로 보완적인 역할을 하면서 안전성과 위험성에 대한 인식과 판단 능력을 향상시키는 데 도움을 줍니다.

안전심리학자 : 아주 잘 찾아주었어요. 결과적으로 교육이라는 큰 틀에 있어서 그것을 몸에 습득해서 익히고 쓸 수 있도록 만드는 과정이 훈련이라고 할 수 있습니다. 훈련이 좀 더 현실적이면서 현장 적용적인 개념이라고 할 수 있겠네요.

책GPT : 네, 그런데, 교수님. 안전에 있어서 이러한 위험 인식 교육과 훈련만으로는 충분하지 않을 수도 있겠죠?

안전심리학자 : 네, 맞습니다. 위험 인식 교육과 훈련은 중요한 요소이지만, 그 외에도 다양한 방법론이 있습니다. 예를 들어 사람들이 위험을 인식하고 대처하는 데 있어서 인간의 심리적 특성을 고려하는 것도 중요합니다.

책GPT : 그렇다면 안전에 있어서 인간의 심리적 특성이 무엇인지 알려주세요.

안전심리학자 : 네, 안전에 있어서 대표적인 인간의 심리적 특성은 다음과 같은 것들이 있습니다.

첫째 위험 인식입니다.

안전에 대한 인식이나 위험에 대한 인식은 안전에 대한 행동을 결정하는 데 중요한 역할을 합니다. 인간은 위험 상황에서 자신의 안전을 지키기 위해 자연스럽게 위험을 감지하며, 이를 인지하고 대처할 수 있는 능력을 가지고 있습니다. 개인별로 위험을 인식하는 방법과 기준은 다를 수 있으며, 이는 경험, 교육, 문화, 인식 등에 따라 다릅니다.

두 번째 불안감(Anxiety)입니다.

위험을 인식하면 불안이라는 감정이 발생할 수 있습니다. 이는 인간의 생존 철학에 깊게 뿌리를 두고 있으며, 위험 상황에서 이를 감지하고 대처하는 것이 생존에 필수적인 역할을 합니다. 그러나 불안이 과도하거나 지속적일 경우, 인간의 판단력과 대처능력을 저하시킬 수 있습니다.

세 번째 책임감과 성실성입니다.

안전은 우리 모두의 책임입니다. 책임감이 높은 사람들은 자신의 행동이 다른 사람들에게 어떤 영향을 미칠 수 있는지 고려하며,

안전을 유지하는 데에 최선을 다합니다.

그 외에도 안전과 관련된 심리적 요인으로는 더 많이 있습니다. 이 부분은 쳇GPT가 더 조사해 주세요.

쳇GPT : 네, 알겠습니다. (Searching)

1) 위험 감수능력: 모든 인간은 자연스럽게 위험에 대한 두려움을 가지고 있습니다. 그러나 일부 사람들은 다른 사람들보다 더 높은 위험 감수능력을 가지고 있습니다. 이들은 위험한 상황에서도 냉철하게 상황을 판단하고 대처할 수 있는 능력을 가지고 있습니다.

2) 사고 예방성: 안전한 상황을 유지하기 위해서는 사고가 일어나기 전에 예방조치를 취해야 합니다. 이를 위해서는 사고예방성이 필요합니다. 사고 예방성이 높은 사람들은 위험한 상황을 예측하고, 그에 대한 대처방안을 미리 생각해 둡니다.

3) 적응성: 안전에 있어서 중요한 것은 변화에 대한 적응성입니다. 적응성이 높은 사람들은 새로운 환경이나 상황에서도 빠르게 적응하고 대처할 수 있습니다. 예를 들어 새로운 작업기계가 도입되거나 새로운 환경에서 적응성이 빠른 사람들은 보다 더 안전하게 작업할 수 있게 된다는 겁니다.

4) 용기와 불안: 안전 상황에서 용기와 불안은 중요한 역할을 합니다. 용기 있는 행동은 안전을 증진시키지만, 불안은 위험에 대한 경계심을 유지하며 안전에 대한 경각심을 유지하는 데 도움을 줍니다. 그러나 용기와 무모함은 구분되어야 합니다.

5) 선호와 저항: 안전에 대한 행동은 종종 불편하고 불편함을 초래합니다. 이러한 경우 인간은 불편하지만 안전에 대한 행동을 할 것인지 아니면 쉬운 것을 선호하는 것을 선택할 것인지에 대한 갈등을 경험합니다. 이러한 갈등을 극복하기 위해서는 안전한 행동이 점점 더 자연스러워지도록 습관화되어야 합니다.

6) 사회적 규범 (Social norms)과 압박: 사회적 규범은 안전에도 영향을 미칩니다. 개인이나 집단이 수용하고 따르는 규범은 안전 행동과 무관할 수도 있지만, 사회적 규범이 안전 행동과 연결되어 있을 경우, 안전한 행동을 장려하고 촉진할 수 있습니다. 이러한 경우 개인의 행동은 다른 사람들과 비교될 때 영향을 받을 수 있습니다.

안전심리학자 : 이처럼 인간의 심리적 특성은 매우 다양합니다. 추가적으로 말씀을 드리면, 사람들은 다양한 작업 현장과 상황에서 스트레스를 받을 수 있습니다. 이러한 정신건강과 관련된 스트레스라는 요소는 인간의 판단력을 저하시키고 위험한 상황에서 적절한 대처를 하지 못하게 만들 수 있습니다.

책GPT : 네, 우리가 나중에 이야기할 주제에 스트레스에 관한 부분이 있지요? 그때가서 보다 더 자세하게 이야기를 나누면 될 것 같습니다.

안껸심리학까 : 네, 그때 다시 자세히 이야기를 하도록 하겠습니다. 잠깐만 언급하자면 결과적으로 스트레스를 줄이기 위해서는 다양한 방법이 있습니다. 예를 들어 휴식과 수면은 스트레스를 줄이는 데 매우 효과적입니다. 또한, 다른 사람과 많은 대화를 나누고 서로 하는 일에 대해 공감하는 것도 스트레스를 줄이는 좋은 방법입니다.

책GPT : 네, 교수님 말씀 감사합니다.

제 3 장 · 안전사고의 원인은 무엇인가요?

안전사고의 원인은 무엇인가요?

책GPT : 이번에 우리가 나눌 두 번째 주제는 "안전사고의 원인은 무엇인가요?"입니다. 함께 이야기해 보도록 하죠.

안전심리학자 : 우리가 살고 있는 현대 사회에서는 다양한 안전사고가 발생하고 있습니다. 특히 산업현장에서는 이러한 안전사고에 빈번하게 일어나고 있습니다. 그러나 이러한 안전사고들은 단순한 우연이 아니라 보통 어떤 원인 때문에 발생하는 경우가 많습니다. 이번에는 그 원인들에 대해서 자세히 알아보도록 하겠습니다. 우선 챗GPT가 지난해의 우리나라의 재해사고 현황 통계자료를 알려줘요.

책GPT : 네 알겠습니다. (Searching)

2022년 재해조사 대상 사망사고 전체 현황은 다음과 같습니다.
전체적으로 2022년 1월 기준 (사고발생 시점 기중). 재해조사 대상의 사망사고는 644명(611건)이 발생했습니다.

(업종별)로는 건설업은 341명(328건), 제조업은 171명(163건), 기타 업종은 132명(120건) 발생하였고, 업종별 사고사망자 발생 비중은 건설업 53%, 제조업 27%, 기타 업종 20%를 차지했다. (규모별)로는 50인(억) 미만에서는 건설업은 226명(224건), 제조업은 82명(82건), 기타업종은 80명(75건) 발생하였고, 건설업 58%, 제조업 21%, 기타 업종 21%를 차지했습니다.

50인(억) 이상에서는 건설업은 115명(104건), 제조업은 89명(81건), 기타 업종은 52명(45건) 발생하였고, 건설업 45%, 제조업 35%, 기타 업종 20%를 차지했습니다.

또한, (재해유형별)로는 떨어짐 268명(262건), 끼임 90명(90건), 부딪힘 63명(63건) 순으로 상위 3대 유형의 사고사망자 비중이 전체의 65.4%를 차지했습니다.

지역별로는 (광역지자체별) 경기 192명(183건), 충남 59명(55건), 경남 57명(56건), 경북 42명(42건), 서울 38명(38건), 전남 36명(33건), 인천 35명(35건) 순으로 발생했습니다.

안전사고의 원인은 매우 다양한데, 일반적으로는 인적요인, 기계 및 설비의 결함, 안전관리 체계의 미흡 등으로 분류할 수 있습니다. 이 중에서 인적요인(Human error)은 가장 많은 안전사고의 원인으로 꼽힙니다.

안전심리학자 : 역시 대단하군요. 자료조사와 정리는 챗GPT을 따라갈 수 없네요. 최신 자료를 잘 정리해 주었어요.

챗GPT : 감사합니다. 말씀하시는 내용에 맞추어 열심히 조사하고 정리 하는 것이 저의 가장 큰 장점입니다.

안전심리학자 : 위 내용 중에서 안전사고의 가장 큰 요인이 인적요인이 라고 했는데 인적요인에 대해서 다시 한번 자세히 정리해 줄래요?

챗GPT : 네, 알겠습니다. (Searching)

인적 요인은 안전사고 발생의 주요 원인 중 하나입니다. 이는 인 간의 특성상 실수, 부주의, 경솔, 집중력 부족, 감정적인 영향 등 으로 인해 발생할 수 있기 때문입니다. 아래는 인적 요인으로 인 해 안전사고가 발생할 수 있는 몇 가지 예시입니다.

인적 요인 중 가장 일반적인 것은 '실수'입니다. 실수는 우리가 일상적으로 하는 활동 중 발생할 수 있으며, 때로는 사소한 실수 가 심각한 안전사고를 초래할 수 있습니다.

인간의 무관심이나 불안정한 감정 상태도 안전사고 발생의 원인 이 될 수 있습니다. 우울증, 불안증 등과 같은 정신 질환은 일상생활에서 사고를 유발할 수 있는 위험 요인입니다.

사람들이 어떤 작업을 수행하는 데 필요한 능력과 경험이 부족한 경우, 안전사고가 발생할 가능성이 높아집니다. 새로운 기계나 도구를 사용하는 경우, 안전한 사용 방법을 배우고 연습해야 합니다.

인간의 행동은 일반적으로 예측할 수 없으며, 이로 인해 안전사고가 발생할 수 있습니다. 우리는 때로 다른 사람들의 행동을 예측할 수 없기 때문에 다른 사람의 행동으로 인해 안전사고가 발생할 수 있습니다.

안전심리학자 : 그럼, 인적요인에 의한 사고에 대해서 어떤 예들이 있는지 조사해 줘요.

책GPT : 네, 알겠습니다. (Searching)

안전사고의 인적 요인 중 가장 큰 원인은 사람들의 실수입니다. 예를 들어 공장에서 기계를 작동시키는 작업자가 작업 중에 충분한 안전장치를 사용하지 않거나, 기계를 부주의하게 다루어 기계 고장이나 작업자의 부상을 초래하는 경우가 있습니다. 그리고 작업자들이 생활 속에서 감정적으로 영향을 받은 경우에도 안전사고가 발생할 수 있습니다. 그리고 가족이나 동료 간이 다툼이나 욕설같은 언어적 피해를 입은 경우에도 작업 중에 정서적으로 위축되거나 흥분, 분노, 우울증 등을 겪을 수 있으며, 이로 인해 사고가 발생할 가능성이 있습니다.

또한, 작업자들이 작업을 수행하는 데 필요한 능력이나 경험이 부족한 경우에도 안전사고가 발생할 수 있습니다. 새로운 작업이나 기계를 처음 다루는 경우, 작업자는 작업 방법과 안전절차를 충분히 이해하지 못할 수 있으며, 이로 인해 작업 중에 안전사고가 발생할 수 있습니다.

안전심리학자 : 네, 그렇습니다. 다시 한번 정리해 보자면 앞서 언급했듯이 인적요인은 안전사고의 원인 중에서 가장 많은 비중을 차지합니다. 인적요인에는 교육 부족, 실수, 부주의, 무지, 의도적인 과실 등이 포함됩니다. 이러한 인적요인들이 안전사고에 어떤 영향을 미치는지 살펴보자면, 예를 들어 인간의 실수로 인해 안전장치나 안전절차를 제대로 따르지 않거나, 업무 상황을 제대로 파악하지 않아 위험을 감지하지 못하거나, 업무 시간 외에 피로나 스트레스로 인해 집중력이 저하되는 등의 문제가 발생할 수 있습니다.

그 외에 교육 부족은 교육을 받지 않아 안전에 대한 인식과 지식이 부족한 상태를 말합니다. 이러한 인적요인은 모두 안전사고의 발생 가능성을 높이는 원인이 될 수 있습니다. 그러므로 안전교육과 훈련을 통해 안전에 대한 인식과 경험을 쌓는 것이 중요합니다. 또한, 작업환경이나 작업 방식을 개선하여 안전사고를 예방할 수 있도록 노력해야 합니다. 여기서 실수와 부주의의 차이는 무엇인지 챗봇이 알아봐 줄래요?

챗GPT : 네, 알겠습니다. (Searching)

실수와 부주의는 모두 안전사고를 초래하는 원인 중 하나입니다. 그러나 그 차이점은 실수는 의도하지 않은 행동으로 인해 안전사고가 발생하는 것이고, 부주의는 무관심 또는 경솔한 태도로 인해 안전사고가 발생하는 것입니다. 실수는 의도하지 않은 결과를 초래할 수 있는 실수인 만큼, 예방할 수 있는 대책으로는 교육과 훈련, 안전장비와 시설의 개선, 그리고 위험요소를 줄이는 조치 등이 있습니다. 반면, 부주의는 의도하지 않은 결과가 아닌 인식되지 않은 위험을 인지하지 못하거나 경솔하게 대처하는 것이므로 대응책으로는 위험요소를 철저하게 파악하고 인식하는 것이 중요합니다.

따라서 실수와 부주의는 각각 다른 문제로서 처리되어야 하며, 그것을 위해서는 각각의 원인을 파악하고 그에 따른 대응책을 마련하는 것이 필요합니다.

챗GPT : 그런데 교수님. 의도적인 과실이라는 것은 무엇인가요? 저의 논리에서는 이런 말이 이해가 잘 안 가는데요?

안전심리학자 : 아! 그렇군요. '의도'란 단어와 '과실'이라는 단어의 결

합이 챗GPT에게는 언어적 모순일 수 있겠네요.

> '의도적인 과실'이란 일부 근로자들이 의도적으로 안전 규정을 위반하거나, 안전절차를 건너뛰거나, 안전장비를 우회하거나, 위험을 감지하더라도 그것을 무시하거나, 또는 다른 근로자들을 위협하는 등의 행동을 일컫습니다. 이러한 행동은 안전사고를 초래할 가능성이 큽니다.

> 예를 들어 안전장비를 무시하거나 우회하면, 그 기능을 발휘하지 못해 안전사고 발생 위험이 높아집니다. 또는 위험을 인식하고 있는데도 불구하고 의도적으로 그 위험을 무시하는 행동을 하면, 안전사고가 발생할 확률이 높아집니다. 이러한 행동은 안전사고를 일으키는 직접적인 요인 중 하나이며, 근로자의 의도나 자세 등에 따라 안전사고의 발생 가능성과 심각성이 크게 달라집니다. 따라서 안전훈련과 근로자들의 안전의식 확립 등을 통해 의도적인 과실을 예방하는 것이 매우 중요합니다.

챗GPT : 그렇지요. 인적요인과 사고와는 정말 밀접한 관계가 있습니다. 대개 인간의 실수, 부주의, 과도한 자만심, 피로, 불안 등으로 인해 안전사고를 일으키는 경우가 많습니다. 이러한 인적요인은 조직문화, 교육, 교육 및 훈련, 감독 및 지도, 보상 및 징계 등을 통해 개선될 수 있습니다.

안전심리학자 : 네, 앞으로 우리는 이러한 안전사고의 원인에 대해서도 이야기를 나누겠지만 근본적으로는 이러한 안전사고가 일어나지 않고,

안전사고를 일으키지 않는 '안전사고 예방'이라는 측면에서 이야기를 더 나누는 방향으로 오늘의 대담을 이어가도록 하겠습니다.

책GPT : 맞습니다. 사고의 원인 파악도 중요하고, 그 원인을 가지고 대비책을 철저하게 세우는 것이 더 중요하다고 생각됩니다. 그런 의미에서 교육, 훈련, 감독과 지도, 보상과 징계, 조직문화 등 우리가 예방을 위해서 해야 할 것들이 참으로 많습니다. 어느 하나도 소홀히 할 수 없는 부분들입니다.

안전심리학자 : 그렇지요. 이 세상에 100% 안전한 작업 현장은 없습니다. 그러나 우리는 100% 안전한 작업 현장을 만들고자 노력해야 하는 것입니다. 그리고 사고는 늘 잠깐 소홀히 하는 그 부분에서 발생하기 때문에 항상 주의를 기울이고 조심하고, 또 조심하는 안전생활화가 이루어져야 합니다. 이를 통해 안전한 작업환경을 조성하고 안전사고를 예방할 수 있습니다. 현장 안전이란 "위험의 가능성을 없애고 사고를 '제로'를 향해 줄이는 것"입니다.

책GPT : 그렇군요, 말씀 감사합니다.

4장 · 사람들이 안전에 대해 경각심을 잃은 이유는 무엇인가요?

사람들이 안전에 대해 경각심을 잃은 이유는 무엇인가요?

책GPT : 그럼 이어서 세 번째 주제인 '사람들이 안전에 대해 경각심을 잃는 이유는 무엇인가요?'에 대해서 이야기해 볼까요? 교수님. 사람들이 안전에 대해 경각심을 잃는 이유는 무엇일까요?

안전심리학자 : 일단 사람들이 안전에 대해 경각심을 잃는 이유는 다양합니다. 그중에서도 가장 큰 이유는 일상적으로 안전사고가 발생하지 않는다고 생각하기 때문입니다. 대부분의 사람들은 일상적인 업무나 생활에서 안전사고가 발생하지 않아서 안전에 대한 경각심이 점점 떨어지게 됩니다.

책GPT : 그러면 안전사고가 발생하지 않는 것이 오히려 안전에 대한 경각심을 저하시킬 수도 있다는 것인가요?

안전심리학자 : 맞아요. 안전사고가 발생하지 않으면, 사람들은 그것이

일상적인 것으로 인식하게 되고, 이에 대한 경각심이 떨어지게 됩니다. 그리고 더 이상 안전에 대해서는 신경 쓰지 않게 되어, 안전사고 발생 가능성은 오히려 잠재적으로 높아집니다. 여기서 질문하나 할께요. 영어에 '보다'라는 단어가 3개가 있습니다. 챗GPT는 무엇인지 알아요?

챗GPT : (Searching)

see 미국식 [siː]
1. [동사] (눈으로) 보다, (보고) 알다, 목격하다
2. [동사] (시력을 이용하여) 앞을 보다[볼 수 있다]

look 미국 • 영국 [lʊk]
1. [동사] 보다, 바라보다 (→forward-looking)
2. [동사] (발견하기 위해) 찾다, 찾아보다
3. [명사] 보기, (쳐다살펴)봄; 눈길
4. [명사] 찾아보기

watch 미국식 [wɑː tʃ; wɔː tʃ] 영국식 [wɒtʃ]
1. [동사] (시간과 관심을 기울이며) 보다, 지켜보다, 주시하다
2. [동사] (잠깐 동안) 봐 주다
3. [명사] 감시, 망 보기, 주시 (→neighbourhood watch)

안전심리학자 : 여기서 안전에서 꼭 필요한 '위험을 보다'는 뜻의 '보다'는 'watch'입니다. 'watch' 뜻을 살펴보더라도 그 뜻은 '보이지 않더

46

라도 보려고 시간과 노력, 관심을 기울여서 보려는 행위'라고 정의되어 있습니다. 그에 반해서 'see'는 그저 눈에 보이니까 보는 것을 말합니다. 일종의 안전불감증의 단어입니다. 즉, 안전에 있어서 우리는 'See'하지 말고 'Watch'해야 하는 것입니다. 그 외 'look'은 목표물을 딱 지정해서 보는 것이지요. 그래서 전치사 at이 항상 붙는다는... 하하하

책GPT : 와~ 영어 단어에 있어서 안전에 관한 그런 중요한 의미가 숨겨져 있었군요. 너무 재미있는데요. 교수님, 그렇다면 어떻게 해야 안전에 대한 경각심을 지속적으로 유지할 수 있을까요?

안전심리학자 : 안전에 대한 경각심을 유지하기 위해서는 안전사고가 발생하지 않더라도 항상 예방을 위한 노력이 필요합니다. 안전에 대한 교육과 훈련을 받고, 위험을 인지하고 대비하는 것이 중요합니다. 또한, 안전한 환경을 조성하고, 안전을 책임져야 할 의무를 강조하는 것도 필요합니다.

책GPT : 결국 안전사고가 발생하지 않더라도 항상 예방을 위한 노력이 필요하다는 말씀인 거죠?

안전심리학자 : 네, 그렇습니다. 안전에 대한 경각심을 잃지 않기 위해서는 항상 예방을 위한 노력이 필요합니다. 안전사고가 일어나지 않았다는 것은 단순히 운이 좋았을 뿐이지 언제 어디서든 안전사고가 일어날 가능성이 항상 존재하기 때문입니다. 따라서 예방이 중요합니다. 그리고 안전에 대한 경각심을 상기시키는 교육이나 훈련 등이 필요합니다. 이러한 노력이 안전사고를 예방하고 안전한 환경을 만드는 데 큰 역할을 합니다.

자, 여기서 질문 하나 드릴게요. 그렇다면 왜 사람들은 이러한 사고를 방지하기 위한 노력을 하지 않을까요?

책GPT : 아마도 사람들은 그것이 일어날 가능성이 매우 낮다고 생각하기 때문이 아닐까요?

안전심리학자 : 그렇게 말할 수도 있겠지만, 그것만이 충분한 이유는 아닙니다. 다른 이유들도 있을 수 있습니다. 하나는 사람들이 무슨 일이 일어날지 예측하지 못한다는 것입니다. 또 다른 이유는 사람들이 이미 이전부터 안전한 환경에서 오랫동안 일을 해왔다면, 안전에 대한 경각심을 잃게 될 수 있다는 것입니다. 소위 안전불감증에 빠지게 되는 것이죠. 챗GPT가 안전불감증에 대한 정의를 찾아봐 줄래요?

책GPT : 네, 알겠습니다. (Searching)

> 안전불감증은 사람들이 위험한 상황에서도 위험성을 제대로 인지하지 못하고 무감각한 상태에 빠지는 심리적 현상을 말합니다. 즉, 어떠한 위험 상황이나 위험한 행동에 대해 경각심을 가지지 않고 위험성을 인식하지 못하는 것입니다.
> 안전불감증은 사람들이 위험한 행동을 할 때나 위험한 상황에서 방심하고 실수를 일으키게 됩니다. 이는 산업재해, 화재, 교통사고 및 생활 속 다양한 사고들로 이어질 수 있습니다.

안전심리학자 : 네, 안전불감증에 대한 정의를 잘 찾아주었어요. 안전불

감증은 안전사고에 대한 경각심을 잃는 현상으로, 일종의 심리적인 면역력 결핍이라고 할 수 있습니다. 일상적으로 오랜 기간 안전사고가 발생하지 않거나, 너무 자주 안전사고에 노출되다 보면, 사람들은 안전에 대한 경각심을 높이지 않고, 점점 안전사고에 대한 경계심이 떨어지게 됩니다. 이러한 상황에서는 사람들이 안전에 대한 경각심을 상실하게 되고, 안전조치를 무시하게 되는 등의 문제가 발생합니다.

책GPT : 그러면 안전불감증이 생겼거나 안전불감증을 예방하기 위해서는 어떤 노력이 필요한가요?

안전심리학자 : 안전불감증을 예방하기 위해서는 일상적으로 안전에 대한 경각심을 유지하는 것이 중요합니다. 또한, 안전에 대한 인식 개선을 위한 교육이나 캠페인을 통해 사람들에게 안전의 중요성을 다시 한번 상기시키는 것이 좋습니다.

책GPT : 그렇군요. 일상에서 안전에 대한 경계심을 유지하고, 수시로 안전교육을 받아야 한다는 말씀인 거죠?

안전심리학자 : 네, 맞습니다. 일단 안전에 대한 경각심을 다시 일깨워야 합니다. 이를 위해서는 안전사고가 일어날 가능성을 상기시키고, 안전에 대한 인식 개선을 위한 교육 등을 통해 사람들에게 안전에 대한 경계심을 유지하도록 하는 것이 안전불감증 예방에 가장 중요한 요소입니다. 또한, 안전조치에 대한 강화와 시행착오의 반성과 적극적인 개선 등의 노력이 필요합니다.

책GPT : 그러면 안전에 대한 경각심을 유지하기 위해서는 어떻게 해야 할까요?

안전심리학자 : 안전한 작업환경과 현장감 있는 안전교육 및 훈련 등을 통해 안전에 대한 인식을 강화하고 예방하는 것이 중요합니다. 예를 들어 누군가가 계단을 내려갈 때 항상 난간을 잡고 내려가는 것이 예방에 해당합니다. 그러나 안전사고가 일어나지 않았다고 해서 계속해서 난간을 잡고 내려가는 것이 아니라, 습관적으로 안전에 대한 경각심을 유지하고 조금 더 신중하게 내려가는 것이 중요합니다. 이렇게 예방을 위한 노력과 경각심을 유지하는 것이 안전에 대한 중요한 요소 중 하나입니다.

책GPT : 네, 지금의 말씀은 생활 속에서 '안전을 습관화' 한다는 말씀으로 이해해도 될까요?

안전심리학자 : 네, 맞아요. 우리 몸에 자연스럽게 행동이 배어들게 습관화시키는 노력이 필요합니다. 챗GPT에게 내가 질문을 하나 할게요. 왜 사람들은 이러한 사고를 방지하기 위한 노력을 제대로 하지 않을까요?

책GPT : 지금까지의 말씀을 참고하면, 안전이 매우 복잡한 요인들의 결합이기 때문이 아닐까요? 한 가지 방법만 있는 것이 아니라 시스템적으로나 인간적 등 여러 가지 요인들을 함께 수행해야 하기 때문에 매우 어렵다고 생각하기 때문이 아닐까요?

안전심리학자 : 그것도 중요한 이유가 되겠지만, 가장 중요한 이유는 사

람들은 안전사고가 자신에게 있어서는 그것이 일어날 가능성이 매우 낮다고, 거의 없다고 생각하기 때문입니다. 심리학에 있어서 이와 같이 '남에게는 불행한 사건이 일어나도 나에게는 그런 불행한 사건이 일어나지 않을 것이다'라는 자기중심적 사고를 '낙관의 편향'이라고 부릅니다. 그런데 이것만으로는 충분한 이유가 되기에는 부족합니다. 다른 이유들도 있을 수 있습니다. 이 부분에 대한 자료는 챗GPT가 한번 자세히 조사해 줄래요?

챗GPT : 네, 알겠습니다. (Searching)

산업현장에서 사고가 일어날 일이 별로 없을 것이라고 일반적으로 생각하는 이유는 여러 가지가 있을 수 있지만, 다음과 같은 이유가 있을 수 있습니다.

1. 경험 부족 : 새로 입사한 노동자나 신입생들은 일을 처음 해보기 때문에 어느 정도 경험이 쌓이기 전까지는 위험한 상황에서도 사고가 일어날 가능성을 인식하지 못할 수 있습니다.

2. 안전장비의 완비 : 현대의 산업현장에서는 안전장비와 시설이 매우 완비되어 있어서, 사고가 발생할 가능성이 적어 보입니다. 그러나 이러한 안전장비와 시설이 올바르게 사용되어야 하며, 그렇지 않은 경우에는 여전히 위험할 수 있습니다.

3. 불확실성의 인식 부족 : 사람들은 자신이 통제할 수 있는 부분

이 많다고 생각합니다. 따라서 예측하기 어려운 위험에 대한 인식이 낮을 수 있습니다.

4. 낮은 위험 지수 : 산업현장에서는 대부분의 작업이 안전하다고 판단될 정도로 위험이 적어 보일 수 있습니다. 그러나 사고는 언제 어디서나 예상치 못하게 일어날 수 있기 때문에 항상 조심해야 합니다.

5. 무사고 상황의 경험 부족 : 산업현장에서 무사고로 일을 해왔다는 경험을 바탕으로 사고가 발생하지 않을 것이라고 생각하는 경우도 있습니다. 그러나 무사고가 지속될 수 있는 것은 매우 어렵고, 예상치 못한 상황에서 사고가 발생할 가능성이 언제든지 존재합니다.

6. 문화의 영향 : 일부 조직에서는 사고 발생을 부정적인 것으로 여기며, 사고를 보고하는 것을 피하려는 문화가 형성될 수 있습니다. 이러한 경우에는 사고가 일어났을 때 대처하는 데 더 많은 시간과 비용이 들어갈 수 있습니다.

안전심리학자 : 아주 잘 찾아주었어요. 결과적으로 사람들은 자신이 일하는 작업 현장에서 앞으로 무슨 일이 일어날지 예측하지 못한다는 것입니다. 안전에 대한 경각심을 잃게 될 수 있다는 것입니다.

책GPT : 네, 그렇군요. 교수님. 그러면 안전에 대한 경각심을 유지하기 위해서는 어떻게 해야 할까요?

안전심리학자 : 안전한 작업 환경과 교육 및 훈련 등을 통해 안전에 대한 인식을 강화하는 것이 중요합니다. 또한, 안전에 대한 의식을 높이기 위해서는 조직 내에서 안전을 당연히 여기고 안전한 행동을 습관화 시키는 안전문화를 구축하는 것이 매우 중요합니다.

책GPT : 조직의 안전문화! 이 부분은 나중에 안전문화라는 주제에 대하여 이야기를 나눌 때 다시 자세하게 이야기하도록 하겠습니다.

안전심리학자 : 네, 좋습니다.

제 5 장 · 스트레스와 안전사고의 관계는 무엇인가요?

스트레스와 안전사고의 관계는 무엇인가요?

책GPT : 그럼 이제 다음 네 번째 주제인 '스트레스와 안전사고와의 관계는 무엇인가요?'를 가지고 이야기하도록 해보지요. 교수님, 스트레스와 안전사고의 관계. 당연히 이 둘의 관계는 안전에 있어서 상당히 관련성이 높은 관계이자 요인이겠지요?

안전심리학자 : 아주 당연한 말입니다. 스트레스는 안전사고를 유발하는 가장 큰 원인 중 하나입니다. 스트레스가 높아지면 집중력과 판단력이 떨어지기 때문에 안전사고가 발생할 확률이 높아집니다. 스트레스는 인간의 집중력과 판단력을 감소시키고, 불안감과 혼란을 유발합니다. 이러한 상태에서 안전사고가 발생할 가능성이 당연히 높아지죠. 챗GPT가 스트레스의 정의에 대해서 조사해 줘요.

책GPT : 네, 알겠습니다. (Searching)

1. 스트레스의 정의

스트레스는 일상적인 상황에서 생기는 생리적, 심리적인 반응을 의미합니다. 스트레스는 생존에 필요한 반응이며, 어떠한 도전적인 상황에서도 대처할 수 있도록 우리 몸에 유용한 호르몬인 스트레스 호르몬인 코티솔을 분비하게 합니다. 그러나 지속적인 스트레스는 우리의 생리적, 심리적 건강에 영향을 미칩니다.

2. 스트레스의 종류

일반적으로 스트레스는 급성 스트레스와 만성 스트레스로 나눌 수 있습니다.

급성 스트레스 : 갑작스러운 위기나 어려운 상황에서 나타나는 스트레스입니다. 급성 스트레스는 일시적이며, 대개 우리가 자신의 능력을 시험하거나 테스트하는 상황에서 나타납니다.

만성 스트레스 : 지속적인 스트레스로 일상적인 스트레스라고도 불리며, 건강 문제를 유발할 수 있습니다. 만성 스트레스는 학교나 직장에서의 압박, 재정적인 어려움, 가정적인 문제 등 다양한 원인으로 인해 발생할 수 있습니다.

그 외에 일반적인 스트레스를 Distress(디스트레스)라고 하지만 Eustress(유스트레스)는 긍정적인 스트레스를 의미합니다. 이 Eustress는 일상생활에서 도전적이고 긍정적인 상황에서 발생하는 스트레스를 의미하며, 예를 들어 새로운 일을 시도하거나 목표를 달성하기 위해 노력하는 과정에서 발생할 수 있습니다. Eustress는 긍정적인 동기부여를 제공하며, 자신의 성취감과 자신감을 높이는 데 도움을 줄 수 있습니다. 그러나 지나치거나 지속적인 Eustress는 오히려 부정적인 영향을 미칠 수 있으므로, 적절한 균형을 유지하는 것이 중요합니다.

안전심리학자 : 맞아요. 우리가 일반적으로 이야기하는 스트레스, 이 Distress는 우리의 인지능력과 정서적인 능력의 교란을 가져오게 됩니다. 물론, 더 심하게 지속되는 스트레스는 우리의 건강에도 엄청난 부정적인 영향을 주는 것이 사실입니다. 그렇기 때문에 당연히 안전과의 관련성은 두말할 필요가 없는 거죠. 또한, 스트레스를 일으키는 원인은 각각의 사람마다 다양한 원인으로 발생할 수 있습니다. 일상생활에서 가장 흔한 스트레스 원인들은 다음과 같습니다.

1. 일과 관련된 스트레스 : 업무의 양이나 난이도, 업무의 기한, 업무의 복잡성, 직장 내에서의 대인관계 등

2. 가족과 관련된 스트레스 : 가족 간의 갈등, 가정에서의 문제, 부부간의 갈등 등

3. 건강과 관련된 스트레스 : 질병, 부상, 건강 문제에 대한 걱정 등

4. 사회적 스트레스 : 친구와의 대인관계, 사회적인 압박, 사회적

으로 격차가 발생하는 문제 등

5. 개인적인 스트레스 : 재정적인 어려움, 인간관계, 개인적인 불
   안감 등을 이야기할 수 있습니다.

책GPT : 그럼 사람들이 스트레스에 노출되어 있다거나 스트레스 상황
이라는 것을 어떻게 알 수 있나요?

안전심리학자 : 언뜻 외모나 겉으로 봐서는 잘 알 수가 없습니다. 때문
에 직장 내에서는 동료 간, 상사와 부하직원과의 소통과 상담 등을 통해
서 알 수 있습니다. 이런 것을 안전 소통의 필요성이라고 하지요. 또한,
스트레스에서는 일반적으로 다음과 같은 증상이 나타납니다.

신체적 증상 : 두통, 소화불량, 복통, 체력 저하, 심장 박동수 증가,
                호흡곤란 등
심리적 증상 : 불안, 우울, 짜증, 분노, 집착, 무력감, 자책감 등

책GPT : 그렇군요. 그렇다면 이런 경우 스트레스를 줄이는 방법이 필
요할 텐데요. 어떻게 해야 하나요? 말씀해 주세요.

안전심리학자 : 스트레스를 줄이는 방법은 다양합니다. 충분한 휴식과
수면, 규칙적인 운동, 식습관 개선 등이 있습니다. 또한, 스트레스를 줄이
는 마음의 여유를 가질 수 있는 취미 생활을 하는 것도 좋은 방법입니다.
마지막으로 대인관계나 직무 상황 등 스트레스를 유발하는 상황을 잘 해

결하는 능력도 필요합니다. 일상생활에서 스트레스를 완화시키는 방법으로는 운동, 명상, 호흡법 등이 있는데 자신에게 맞는 스트레스 관리 방법을 찾고, 스트레스 요인을 제거하거나 줄이는 것이 중요합니다. 스트레스의 원인이나 종류 역시 다양하기 때문에 자신에게 맞는 스트레스 관리법에 대해서 '안전심리코치'를 통해서 적극적인 도움을 받는 것도 필요하다고 봅니다.

책GPT : 그런데 이러한 스트레스를 줄이기 위한 방법이나 취미 생활을 하려는 시간이 부족한 경우, 일반 직장인들은 시간이 없다는 말을 쉽게 하는데 어떻게 해야 할까요?

안전심리학자 : 그러한 경우에는 일정을 관리하는 습관을 들이고 우선 순위를 정해서 중요한 일을 먼저 처리하는 것이 중요합니다. 또한, 간단한 운동이나 명상 등을 통해 짧은 시간 안에 스트레스를 풀어주는 방법도 있습니다.

책GPT : 그런데 사실 우리가 살아가면서 스트레스를 완전히 없앨 수는 없는 것 같은데요?

안전심리학자 : 맞습니다. 스트레스는 일상에서 불가피한 것이기 때문에 완전히 없앨 수는 없습니다. 하지만 적절한 대처와 관리를 통해 스트레스가 안전사고를 유발하는 요인으로 작용하는 것을 방지할 수 있습니다.

책GPT : 알겠습니다. 그렇다면 안전사고가 이미 발생한 경우에 받게 되는 이러한 스트레스를 줄이는 방법은 무엇이 있을까요?

안전심리학자 : 네, 사고의 전에도 자신의 스트레스를 관리해야 할 뿐만이 아니라 실제 안전사고가 발생한 경우에도 빠른 대처와 사후 관리가 꼭 필요합니다. 예를 들어 충격적인 상황에 처했을 때는 일시적으로 숨을 길게 내쉬고 들이쉬면서, 자신의 흥분된 감정을 스스로 조절하는 것이 좋습니다. 한순간의 노력이 필요합니다. 그리고 평상시엔 스트레스를 관리하는 방법 중 하나인 명상이나 호흡법을 사용하여 마음의 안정을 유지하는 것도 중요합니다. 이처럼 사고나 스트레스 상황에 대해서 적극적인 대처와 객관적인 상황 판단, 그리고 지속적인 안전교육이 필요합니다. 이러한 노력을 통해 안전사고의 예방과 대처에 대한 경험을 축적할 수 있으며, 이는 평상시 스트레스를 줄이는 데도 도움이 됩니다.

책GPT : 그런데요. 교수님. 우리가 자신에게 발생한 정서적인 문제를 혼자서 해결하는 것이 쉽지가 않은 것이 현실적인데, 이런 경우는 어떻게 해야 하나요?

안전심리학자 : 챗GPT가 참으로 중요한 점을 지적해 주었네요. 우리가 스트레스로 인해서 정서적으로 겪을 수 있는 정서적인 어려움, 예를 들어 분노, 우울증 등에 있어서 본인 혼자서 이러한 것들을 컨트롤하기 어려운 경우가 실제로 많은 것이 사실입니다. 때문에 이러한 경우에는 적극적으로 외부의 전문가에게 도움을 구하는 것이 꼭 필요합니다. 적극 권해드립니다.

책GPT : 외부의 전문가라면 어떤 분들을 말씀하시나요?

안전심리학자 : 상담전문가 및 코칭전문가 같은 심리전문가를 의미합니다. 이런 분들이 작업자들에 대한 심리적인 문제들을 전문적으로 다루시는 분들이기에 산업현장에서 겪게 되는 심리적인 문제들에 있어서 적극적으로 이런 전문가분들의 도움을 받는 것이 무척 필요하다고 말씀드리겠습니다. 아쉬운 점은 우리나라는 기업에서 아직 이런 상담과 코칭이라는 분야의 전문가를 안전현장에 적극적으로 이용하고 있지 않은 것이 아쉬운 현실입니다.

책GPT : 혹시 교수님도 이런 분들과 같은 일을 하시나요?

안전심리학자 : 당연히 오랜 기간에 걸쳐서 상담과 코칭 분야에 있어서 근로자분들의 심리적인 문제를 해결하려고 함께 노력해 왔습니다. 그게 저의 안전심리전문가로서의 정체성이기도 합니다.

책GPT : 알겠습니다. 훌륭하신 일을 해오고 계시네요. 진심으로 감사합니다. 잠시 쉬었다가 다음 주제를 다시 이야기해 보도록 하겠습니다.

안전심리학자 : 네, 감사합니다.

제6장 · 새로운 기술과 안전사고 예방의 관련성은 무엇인가요?

새로운 기술과 안전사고 예방의 관련성은 무엇인가요?

책GPT : 자, 그럼 다시 이야기를 계속해 보도록 하겠습니다. 교수님, 다섯 번째 주제인 '새로운 기술과 안전사고 예방의 관련성은 무엇인가요?'에 대해서 어떻게 생각하시나요?

안전심리학자 : 새로운 기술은 안전사고 예방에 매우 중요한 역할을 합니다. 기존의 기술과 달리 새로운 기술은 보다 정밀하고 안전한 방식으로 작동할 수 있도록 설계되어 있습니다. 이러한 새로운 기술은 안전사고를 예방하고 위험한 작업을 수행하는 데 도움이 됩니다. 예를 들어 자율주행 자동차나 드론과 같은 기술이 등장하고, 산업현장에는 더욱더 정밀한 로봇을 이용한 자율작업 공정 등이 생겨나면서 안전사고 예방에 많은 도움을 주고 있습니다.

자율주행 자동차는 운전자의 부주의나 인간적인 실수로 인한 교통사고를 줄일 수 있으며, 드론은 위험한 작업을 인간이 직접 수행하지 않고도 가능하게 해줍니다. 또한, 정밀 로봇의 자율작업 공정 등은 인간이 할 수 있는 업무량의 수 십 배 이상으로 실수 없이 정밀하게 일할 수 있습니다. 어떤 기업, 사회, 국가에 있어서 이러한 새로운 기술과 새로운 시스템을 도입하게 되면 분명히 사고율이 낮아지고 안전성이 훨씬 높아지는 것은 분명 사실입니다. 그런 점에서 국가와 기업들이 기술투자에 절대 소홀히 할 수 없는 이유이기도 합니다.

챗GPT : 기술과 설비투자가 경영과 생산 효율성만을 위한 것이 아니군요. 그러한 시스템에 대한 전반적인 투자가 안전을 높이는데 중요한 역할을 하는군요. 그렇다면 새로운 기술을 도입하면 반드시 안전성이 보장되는 것일까요?

안전심리학자 : 아닙니다. 새로운 기술을 도입할 때에는 항상 안전성을 먼저 고려해야 합니다. 기술의 발전으로 인해 새로운 안전사고의 위험성도 존재하게 됩니다. 새로운 기술이 도입될 때에는 새로운 위험이 발생할 수도 있기 때문입니다. 예를 들어 인공지능 기술이 적용된 제조 공정에서는 인간의 개입 없이 자동화가 이루어지다 보면, 예기치 못한 오류나 결함 등으로 인한 안전사고가 발생할 수 있습니다.

실제 미국 등의 공장에서 로봇 작업의 공정 중에도 이런 안전사고가 발생하여 귀중한 목숨을 잃었던 많은 예들이 있습니다. 이러한 경우를 보듯이 자동화된 시스템이라고 하더라도 기술적인 예방대책이 사전에 필요하며, 이를 위해서는 전문가들의 연구와 시행착오가 필요합니다. 따라서 새로운 기술의 안전성을 확인하고 이를 보장하기 위한 노력이 필요합니다.

책GPT : 그렇다면 어떤 방식으로 새로운 기술들에 대한 안전성을 확인하고 보장할 수 있을까요?

안전심리학자 : 새로운 기술을 도입하기 전에는 반드시 충분한 검증과 시험을 거쳐야 합니다. 이후에 새로운 기술이 도입된 후에도 지속적인 모니터링과 유지 보수가 필요합니다. 또한 새로운 기술을 사용하는 작업자들에게는 충분한 교육과 훈련이 필요합니다. 이러한 노력을 통해 새로운 기술의 안전성을 확인하고 보장할 수 있습니다. 그렇다고 해서 안전에 대한 보장이 이루어지지 않았다고 해서 새로운 기술의 도입을 보류하거나 지체해서는 물론 안 되겠지요. 그만큼 우리의 산업현장은 빠르게 발전을 하는 곳이니까요. 시스템에 있어서 그 이상의 안전에 대한 검증과 시험을 더 많이 해야 된다는 의미로 말씀을 드리는 것입니다.

책GPT : 새로운 기술의 도입에 있어서는 효율성과 생산성의 긍정적인 면도 있지만, 안전에 대한 충분한 검증이 선결되어야 한다는 말씀이군요.

안전심리학자 : 맞아요. 검증된 안전성을 통한 생산성이지요. 그럼, 챗GPT가 새로운 기술이 도입될 때 그 기술의 안전성을 확인할 수 있는 방법들에 대해서 자세히 찾아주세요.

책GPT : 네, 알겠습니다. (Searching)

새로운 기술이 도입될 때 안전성을 확인하는 방법은 여러 가지가 있습니다. 먼저, 실험실에서 모의실험을 진행하여 기술이 어떠한 환경에서 동작하는지 확인합니다. 이를 통해 기술의 결함과 문제점을 미리 파악할 수 있습니다.

또한, 새로운 기술이 상용화되기 전에는 일반적으로 국가나 지역의 인증 기구에서 인증을 받아야 합니다. 이 인증 과정에서는 기술의 안전성과 성능 등을 평가하고, 이를 충족시켜야만 인증을 받을 수 있습니다. 그리고 기술이 사용되는 환경에서 예기치 못한 문제가 발생할 수 있으므로, 사용자들은 기술을 적극적으로 사용하기 전에 교육과 훈련을 받아야 합니다. 이를 통해 사용자들은 기술을 안전하게 사용하며, 예기치 못한 상황에서도 적절하게 대처할 수 있습니다.

마지막으로, 새로운 기술이 도입되면서 기존에 사용하던 기술과의 호환성 문제가 발생할 수 있습니다. 따라서 새로운 기술을 도입할 때는 기존 기술과의 호환성을 확인하고, 적절한 대처 방안을 마련해야 합니다.

안전심리학자 : 위의 내용 중에서 특히나 인증제도 같은 것은 국가나 신뢰하는 기관 등에서 기업이나 경영 등의 시스템 등에 있어서의 안전성을 평가하는 것인데 우리나라에서는 산업안전보건법 인증, 안전성 검사인증, 산업안전기술인증, KOSHA 18001 인증 등이 있습니다. 이런 산업안전 인증 제도들은 제조업체와 소비자들의 안전성을 보증하는 제품의 생산 및 유통에 큰 역할을 합니다. 따라서 산업계에서는 이러한 인증제도를 적극적으로 활용하여 안전하고 신뢰성 높은 제품을 생산하고 유통하는

것이 필요합니다. 특히, 산업현장에서의 KOSHA 18001 인증제도는 산업안전의 가장 중요한 역할을 해오고 있습니다. 쳇봇은 KOSHA 18001 인증제도에 대해서 자세히 조사해 줘요.

책GPT : 네, 알겠습니다. (Searching)

KOSHA 18001 인증 제도는 대한민국 산업안전보건법에 따라 도입된 인증제도로, 산업체의 안전경영체제를 검증하는 인증제도입니다. KOSHA는 한국산업안전보건공단(한국산업안전보건공단)의 약자입니다.

KOSHA 18001 인증은 산업체가 안전경영체제를 수립하고 운영하여 안전성과 건강성을 보장하는 데 중점을 둡니다. 안전경영체제란 산업체가 안전하고 건강한 작업환경을 조성하기 위해 마련한 계획, 조직, 책임, 절차, 활동 등의 체계적인 시스템입니다.

KOSHA 18001 인증을 받으려면 먼저 안전경영체제를 수립하고 운영해야 합니다. 이를 위해 산업체는 조직 구성, 안전정책 및 목표 설정, 위험관리, 교육 및 훈련 등 다양한 조치를 취해야 합니다.

KOSHA 18001 인증은 산업체의 안전경영체제가 국제적으로 인정되는 OHSAS 18001과 유사하나, 한국의 법적, 문화적 특성에 맞게 수정되어 있습니다. KOSHA 18001 인증을 받은 산업체는 안전경영체제를 체계적으로 운영하고 안전성을 보장하는 것을 인증받는 것으로, 산업계에서 안전성과 건강성을 강화하는 데 큰 역할을 합니다.

KOSHA 18001 인증을 받으려면 인증기관으로부터 심사를 받아야 하며, 인증기관은 산업체의 안전경영체제를 평가하여 인증 여부를 결정합니다. KOSHA 18001 인증을 받은 산업체는 인증 마크를 부착할 수 있으며, 이를 통해 소비자들은 안전하고 건강한 제품을 구매할 수 있습니다.

최근에는 KOSHA 18001 인증을 대신하여 ISO 45001 인증제도가 도입되고 있습니다. ISO 45001은 국제 안전경영체제 인증으로서, 국제적인 인증 제도로서의 신뢰도가 높아지고 있습니다.

안전심리학자 : 네, 자세히 알아봐 주었네요. 기업과 현장의 안전이라는 측면에서 공인된 안전인증 제도는 무척이나 중요합니다. 그러나 가장 중요한 것은 새로운 시스템의 도입에 있어서는 작업자들과 현장에 대한 충분한 교육과 훈련임을 다시 한번 강조합니다.

책GPT : 그렇군요. 이제 새로운 기술과 안전사고 예방의 관련성에 대해서 더 잘 이해할 수 있게 되었습니다. 감사합니다.

안전심리학자 : 네, 저도 챗봇의 자료조사를 통해서 몰랐던 것도 더 알게 되고, 자료를 정리하는 측면에서도 도움이 되고 있습니다. 저 역시

감사합니다.

책GPT : 더 열심히 자료 조사와 정리를 해서 알려드리겠습니다. 자, 그
럼 다음 주제에 대해서 이야기를 계속해 보도록 하지요

제 7 장 · 위험 인식과 대처능력을 향상시키는
방법은 무엇인가요?

위험 인식과 대처능력을 향상시키는 방법은 무엇인가요?

안전심리학자 : 네, 이번 주제는 여섯 번째 '위험 인식과 대처능력을 향상시키는 방법은 무엇인가요?' 가 맞지요?

챗GPT : 맞습니다. 교수님, 이 제목은 아마도 '인지심리학과 안전'이라는 부제가 될 것 같습니다.

안전심리학자 : 네 맞아요, 챗GPT가 점점 더 똑똑해지고 있군요. 칭찬해 드려요. 우선, 우리가 위험을 인식한다는 의미는 어떤 활동이나 상황에서 잠재적인 위험을 인식하고 그에 대한 경계를 유지하는 것을 말합니다. 예를 들어 건설현장에서 작업 중인 근로자들이 고소작업을 하고 있다고 가정해 보겠습니다. 고소작업은 건설현장에서 가장 많은 사고를 잠재적으로 가지고 있는 작업입니다.

이때, 근로자들이 위험을 인식하고 안전모, 마스크 등의 보호장구를 착용하고, 규정된 안전절차를 준수한다면, 안전사고를 상당 부분 예방할 수 있습니다. 그러나 위험을 인식하지 못하거나 인식했더라도 대처하지 못하여 보호장구를 착용하지 않거나 안전절차를 준수하지 않는다면, 안전사고가 발생할 가능성이 훨씬 높아집니다. 이러한 위험 인식은 안전에 대한 중요한 역할을 합니다. 위험을 인식하지 못하면, 위험에 대한 대처나 예방조치를 취할 수 없으며, 이는 안전사고 발생의 위험을 높이게 됩니다. 이처럼 산업현장에서도 위험을 인식하고 대처함으로써 안전사고를 예방할 수 있습니다.

책GPT : 감사합니다, 교수님. 더 열심히 학습하겠습니다. 산업현장에 있는 위험요인들에 대한 인식과 대처능력을 향상시키는 방법에 대해서 교수님은 어떤 생각을 가지고 계시나요?

안전심리학자 : 우선 산업현장에는 어떤 위험요인들이 있는지를 알아야 하니까 챗GPT가 이러한 산업현장에 있는 위험요인들에 대해서 조사해줘요.

책GPT : 네, 알겠습니다. (Searching)

산업 현장에서는 다양한 위험 요인들이 존재합니다. 이러한 위험 요인들은 작업자들에게 다양한 상처, 부상, 질병, 심지어는 사망으로 이어질 수 있으므로, 적극적인 안전 관리가 필요합니다. 다음은 일반적인 산업현장에서 발생할 수 있는 위험 요인들입니다.

1. 낙하 위험 : 높은 곳에서 작업할 때 발생할 수 있는 위험으로, 사다리, 비계, 계단, 작업대, 지붕 등에서 발생할 수 있습니다. 고도에서의 작업은 작업자들에게 떨어지거나 추락하는 위험을 초래할 수 있습니다.

2. 인명 재해 위험 : 불, 폭발, 화학물질, 전기 충격 등의 위험으로 인해 작업자들에게 심각한 상해 또는 사망으로 이어질 수 있습니다.

3. 기계 위험 : 기계를 작동할 때 발생할 수 있는 위험으로, 회전하는 기계 부품, 노즐, 칼날, 절단기 등에서 발생할 수 있습니다. 이들은 작업자의 손, 발, 머리 등을 다치거나 상해시킬 수 있습니다.

4. 전기 위험 : 전기 작업을 할 때 발생할 수 있는 위험으로, 전기 충격, 화재, 폭발 등이 발생할 수 있습니다.

5. 열 위험 : 고온의 물질, 열교환기, 가열로, 용접기 등에서 발생할 수 있으며, 열탄성 물질이나 열에 약한 작업복을 입고 작업할 경우에도 위험이 발생할 수 있습니다.

6. 물리적 위험 : 작업 중에 발생하는 진동, 소음, 빛, 방사선 등으로 인해 작업자들에게 부상 또는 질병을 유발할 수 있습니다.

7. 화학물질 위험 : 화학물질을 다룰 때 발생할 수 있는 위험으

로, 화학 물질에 노출되면 다양한 종류의 질병을 유발할 수 있습니다. 화학물질 노출에 따른 질병은 호흡기 질환, 피부질환, 신경계 질환 등이 있습니다.

이러한 위험 요인들은 적극적인 안전 관리와 보호장비의 사용, 교육과 훈련 등을 통해 최소화될 수 있습니다. 따라서, 산업 현장에서 작업자들은 이러한 위험 요인들을 인식하고 대처하는 방법을 배워야 합니다.

안전심리학자 : 챗GPT가 자세히 조사해 주었네요. 기존에 알고 있던 내용들을 알기 쉽게 정리해 볼 수 있어서 아주 좋아요. 챗GPT가 조사한 내용 중에서 앞서 우리가 이야기한 인지심리학의 관점에서 보자면 첫 번째의 공사현장에서의 추락사고는 실제로 가장 많은 인명사고를 발생시키고 있는 사고입니다. 이것은 특히나 인간의 휴먼에러(human error)라는 측면에서 '착각'에 의한 안전사고가 가장 많이 일어나고 있는 사고라고 할 수 있어요. 착각에는 잘못된 신념으로 비롯되는 착각, 일종의 큰 착각이라고 불리는 것들과 근원적으로 불완전한 인간의 속성이랄 수 있는 '오감에 기반한 착각'들이 있어요.

챗GPT : 잘못된 신념에 의한 착각이라고요? 제가 한번 조사해 볼게요.(Searching)

산업 안전사고는 매우 위험하며, 사람들은 안전에 대한 인식이 부족하거나, 잘못된 정보에 기반하여 착각에 빠져 안전사고를 일으키는 경우가 있습니다. 이러한 착각은 다양한 형태로 나타날 수 있습니다.

1. 안전장치가 모든 위험을 막아준다고 믿는 경우

안전장비는 언제나 완벽하게 작동하지는 않으며, 제대로 사용되지 않는 경우에는 실제로 위험을 더욱 증대시킬 수 있습니다. 따라서 안전장비를 신뢰하지만 항상 정기적인 점검과 유지 보수가 필요합니다.

2. 안전 규정을 따르지 않아도 큰 문제가 되지 않는다고 믿는 경우

안전 규정은 일부분만 따르는 것도 효과가 없으며, 안전 규정을 따르지 않는 경우에는 예기치 못한 사고가 발생할 가능성이 매우 높습니다. 모든 작업자는 안전 규정을 철저히 따르는 것이 중요합니다.

3. 사고가 일어날 가능성이 매우 적다고 믿는 경우

안전사고는 언제든 일어날 수 있습니다. 이러한 생각은 위험의 정도를 과소평가하고 안전사고를 예방할 수 있는 기회를 놓치는 원인이 됩니다. 따라서 모든 작업자는 항상 위험성을 인지하고, 예방조치를 취해야 합니다.

4. 안전사고가 다른 사람들과는 관계가 없다고 믿는 경우

안전사고는 종종 다른 사람들에게 영향을 미칩니다. 작업자가 안전규정을 따르지 않는 경우, 그것은 작업장의 다른 작업자들

뿐 아니라 고객이나 이웃집 주민들에게까지 영향을 미칠 수 있습니다. 따라서 안전사고는 모두에게 영향을 미칠 가능성이 있으므로, 모든 작업자는 자신의 행동이 다른 사람들에게 미치는 영향을 고려해야 합니다.

5. 안전사고는 내가 겪은 적이 없으므로 일어나지 않을 것이라고 믿는 경우

안전사고는 예상치 못한 순간에 일어날 수 있으며, 작업자들은 자신의 경험에만 의존하여 안전사고를 예방하는 것이 아니라, 일어날 수 있는 모든 위험성을 인지하고 그에 대비하는 노력을 해야 합니다. 이를 통해 안전한 작업환경을 유지할 수 있습니다.

안전심리학자 : 네, 지금 챗GPT가 조사해 준 것이 바로 잘못된 신념에 의한 착각이라고 할 수 있어요. 이런 것들의 원인은 근본적인 교육의 부족과 잘못된 정보가 오래도록 쌓여서 개인의 잘못된 가치관으로 형성된 것으로 바른 안전교육 등을 통해서 바로잡는데도 시간이 오래 걸려요. 때문에 모든 교육도 마찬가지이지만 안전교육 역시 어린 시절부터 체계적으로 바르게 시켜야 한다는 것입니다.

챗GPT : 역시 안전교육은 어린 시절부터 체계적으로 시켜야 하는군요.

안전심리학자 : 당연한 이야기입니다. 독일이나 일본처럼 안전교육이 선진화된 나라에서는 말 그대로 안전의 생활화가 가장 적절하게 이루어

지고 있고 그 기반이 어린시절 부터의 안전교육임을 부인할 수 없습니다. 그만큼 안전교육을 강조하는 국가문화인 것이지요. 다음으로는, 우리가 일반적인 착각이라고 불리는 오감에 기반한 착각이 있습니다.

책GPT : 오감의 착각이라고요? 그럼 시각, 청각, 후각, 미각, 촉각의 오감을 말씀하시는 것인가요?

안전심리학자 : 네, 그렇습니다. 인간의 근원적으로 불완전한 존재이지요. 신이 인간에게 외부 세계의 많은 정보를 올바르게 판단해서 살아가라는 의미로 인간에게 5개의 감각기관을 통해서 정보를 습득하도록 만들어 주셨지요. 그런데 문제는 이 다섯 개의 오감이라는 감각기관이란 것도 그 기능이 100% 완벽하지 않다는 데에 그 문제점이 있는 것이지요.

책GPT : 오감의 착각에 의한 사고에 대해서 제가 조사해 보겠습니다. (Searching)

인간의 다섯 가지 감각 중 시각, 청각, 후각, 미각, 촉각은 모두 우리가 일상생활에서 경험하는 것이며, 이러한 감각들은 우리가 환경과 상호작용하며 안전하게 살아갈 수 있도록 도와줍니다. 그러나 이러한 감각들이 잘못 사용되거나 부적절하게 인식될 경우 안전사고가 발생할 수 있습니다.

1. 시각

시각 감각은 시력에 대한 것이며, 눈으로 보이는 것을 인식합니다. 안전사고 중에서도 가장 일반적인 것은 시각적으로 인지하지 못한 장애물에 부딪치거나 거리감을 잘못 인식하여 추락하는 것입니다. 이러한 사고를 방지하기 위해서는 작업장이나 건물 내부에서 장애물이나 위험요소들을 시각적으로 잘 파악하고 처리해야 합니다. 또한 안전모나 안전경보 등 시각적인 안전장비를 완전하게 사용하는 것도 매우 중요합니다.

2. 청각

청각 감각은 청력에 대한 것이며, 소리를 인식합니다. 소음이나 경고음 등 안전에 관련된 소리가 잘 들리지 않으면 안전사고의 위험이 높아집니다. 이러한 경우 귀를 보호하는 이어 마개나 귀마개를 사용하거나, 소리가 더욱 명확하게 들리도록 경보음을 강화하는 등의 대책이 필요합니다.

3. 후각

후각 감각은 냄새를 인식하는 능력에 대한 것입니다. 위험한 화학물질이나 독가스 등의 냄새를 감지하지 못하면 즉각적인 대처가 어려워 안전사고가 발생할 수 있습니다. 이러한 경우 감지기나 냄새제거 시설 등을 사용하여 대처할 수 있습니다.

4. 미각

미각 감각은 맛을 인식하는 능력에 대한 것입니다. 음식물 중 해로운 물질을 맛으로 인식하여 즉각적으로 구별하는 것이 중요합니다. 이를 위해서는 음식물의 신선도와 위생상태를 철저하게 관리하고, 해로운 물질이 들어가지 않도록 예방하는 등의 조치가 필요합니다.

5. 촉각

촉각 감각은 피부로 느끼는 감각입니다. 작업 중에는 손가락이나 손목 등을 다치지 않도록 적절한 보호장비를 착용하고, 위험한 기계나 장비의 부품 등을 만질 때는 안전 잠금장치를 사용하는 등의 예방조치가 필요합니다.

안전심리학자 : 챗GPT가 조사한 다섯 가지 감각기관 중에서 외부의 정보를 가장 많이 처리하는 기관이 시각이라고 할 때, 이러한 '시각적 착각'에 의한 안전사고가 제일 많이 일어나는 것이 사실이에요. 특히 건설 현장이나 여러 고소작업장에서 추락 사고가 가장 많이 일어나는데, 바로 이런 시각적 착각에 의한 사고입니다. 우리가 안전사고에 있어서 시각적 착각에 의한 안전사고에 신경을 가장 많이 써야 할 부분이지요.

챗GPT : 네, 그러게 말입니다. 통계적으로도 전체 안전사고의 가장 많은 사고 현장이 건설 현장으로 나타나고 있습니다. 2022년 재해조사 대상 사망사고 644명(611건) 중에 건설업에서 341명(328건)이 발생하였고, 업종별로 보더라도 사고 사망자 발생 비중은 건설업 53%로 전체의 절반 이상을 차지하고 있습니다.

안전심리학자 : 다음에 기회를 만들어서 착각에 의한 안전사고에 대해서 중점적으로 이야기를 나누어 볼 기회를 만들었으면 좋겠어요.

책GPT : 네, 정말 꼭 다루어야 할 이야기일 것 같아요. 이러한 안전사고를 심리학적으로 다루어 본다면 더욱 흥미롭기도 할 것 같아요.

안전심리학자 : 좀 더 많은 시각적 자료들을 가지고 여러분들과 쉽고 진지하게 이야기할 수 있는 시간을 만들도록 준비해 보겠습니다. 이야기를 계속해 가도록 하지요.

책GPT : 네, 그러면 같은 맥락에서 위험에 직면했을 때의 위험 대처능력을 향상시키는 방법은 무엇이 있을까요?

안전심리학자 : 대처능력을 높이기 위한 훈련 및 교육 방법으로는 대피 및 구조 훈련, 실제 상황에서의 시뮬레이션 및 역할극 훈련, 강의 및 워크숍 등이 있습니다.

책GPT : 맞아요. 대피 및 구조 훈련은 비상상황 시 대처능력을 향상시키는 데 매우 유용하다고 합니다. 종업원들은 이를 통해 대피 경로 및 대피 방법을 익힐 수 있으며, 구조 작업에 참여할 수 있도록 준비할 수 있습니다.

안전심리학자 : 또한, 실제 상황에서의 시뮬레이션 및 역할극 훈련은 종업원들이 위험 상황에서 어떻게 대처해야 하는지를 직접 체험할 수 있는 기회를 제공합니다. 이를 통해 종업원들은 위험 상황에서 빠르고 효과적

으로 대처하는 방법을 배우게 됩니다.

책GPT : 맞아요. 또한, 강의 및 워크숍을 통해 종업원들은 위험 상황에 대한 이해도를 높일 수 있습니다. 이를 통해 종업원들은 위험 요인을 미리 예측하고 예방할 수 있는 능력을 키울 수 있습니다.

안전심리학자 : 그리고 종업원들이 위험 상황에서 차분하게 대처할 수 있도록 마인드풀니스나 명상 등의 정신적인 교육 프로그램도 유용할 것입니다.

책GPT : 그렇습니다. 이러한 다양한 교육 방법을 통해 종업원들은 위험 상황에서 차분하고 빠르게 대처하는 능력을 키울 수 있고, 이를 통해 산업현장에서 안전을 유지할 수 있지요.

안전심리학자 : 네, 그렇습니다. 지속적인 안전교육과 안전훈련이 가장 중요합니다.

책GPT : 그렇군요. 이러한 방법들을 통해 위험 인식과 대처능력을 향상시키면, 안전사고 예방에 어떤 효과가 있을까요?

안전심리학자 : 이러한 방법들은 안전사고 예방에 많은 효과가 있습니다. 예를 들어 위험 인식이 높아지면, 위험에 노출되는 경우를 줄일 수 있습니다. 또한, 대처 능력이 향상되면, 발생하는 안전사고의 심각성을 줄일 수 있습니다.

책GPT : 그렇군요. 위험 인식과 대처능력을 향상시키는 것은 안전사고 예방에 매우 중요한 역할을 한다는 것이죠.

안전심리학자 : 그렇습니다. 안전사고 예방을 위해서는 이러한 역량을 갖추는 것이 필수적입니다.

책GPT : 네, 이러한 산업현장의 많은 위험요인들에 대해서 안전교육을 철저하게 시키는 것이 무척이나 중요하다고 계속 강조해서 말씀하셨습니다. 감사합니다.

제 8 장 · 안전교육의 중요성과 효과적인 안전 교육 방법은 무엇인가요?

안전교육의 중요성과 효과적인 안전 교육 방법은 무엇인가요?

책GPT : 이번에는 일곱 번째 '안전교육의 중요성과 효과적인 안전교육 방법은 무엇인가요?' 라는 주제를 가지고 말씀을 계속 이어서 해보도록 하겠습니다.

안전심리학자 : 그렇습니다. 사고는 실제 절대로 일어나서는 안되는 것입니다. 그렇기 때문에 우리가 나눌 사실 안전에 대한 이야기의 대부분의 방향이 '예방'이라는 주제가 될 것입니다.

책GPT : 네, 맞습니다. 사실 안전에 대해서 이야기를 나눈다는 대부분의 주제가 근본적으로는 사고 예방이 가장 중요한 주제이고 담론입니다. 그런 점에 있어서 예방에 있어서 가장 중요한, 예방을 위한 안전교육에 대하여 이야기를 시작해 보겠습니다.

안전심리학자 : 안전교육은 안전사고를 예방하고 대처하는 데 매우 중

요합니다. 안전교육은 작업자들에게 안전한 작업 방법을 알리고 안전한 작업 습관을 형성하도록 지원하는 것입니다. 안전교육은 근로자들이 일을 하는 과정에서 발생할 수 있는 위험에 대해 인식하고, 이를 예방하고 대처할 수 있는 능력을 향상시키는 데에 큰 도움을 줍니다. 이것은 작업자의 안전에 큰 영향을 미치며, 회사 전반적인 안전성을 향상시키는 데도 중요한 역할을 합니다.

책GPT : 그렇군요. 안전교육을 받은 작업자들은 위험한 상황을 인지하고 대처하는 데 능숙해지기 때문에 당연히 안전사고 발생 가능성이 줄어들 겁니다.

안전심리학자 : 우선, 앞서 우리가 이야기했던 산업현장의 위험요소들에 대해서 안전과 위험에 대한 인식을 높이기 위해서는 무엇보다도 교육이 정말 중요합니다. 이 이야기는 많은 주제의 대안을 이야기할 때마다 늘 반복해서 강조하는 이야기입니다. 즉, 사람들에게 위험을 인식시키고, 그 위험을 어떻게 대처할 수 있는지에 대한 정보와 자료들을 작업자들에게 빠르게 제공하고 늘 안전에 대해서 인식하도록 하는 것이 필요합니다.

책GPT : 교수님, 작업자 또는 근로자들에게 안전에 대한 자료나 정보를 전달해 준다는 의미와 안전교육을 시킨다는 의미는 어떤 차이가 있는 건가요?

안전심리학자 : 네, 좋은 질문입니다. 우리가 안전관리자 또는 안전담당자가 되어 회사나 조직의 안전을 관리한다는 것은 이 두 가지, 여기에 하

나를 더해서 세 가지를 해야 한다는 의미를 가지고 있습니다. 우선 첫째로 회사에서 가동되고 있는 시스템과 기기들에 대한 안전성 점검 및 유지, 두 번째는 근로자에게 작업장 내의 안전에 관련된 다양한 정보를 제공하는 것, 세 번째는 근로자의 의식수준을 안전모드로 늘 유지시키도록 하는 안전교육을 진행하는 것입니다. 이런 세 가지를 잘 하는 안전관리자가 최고의 안전관리자라고 생각합니다.

특히, 안전에 관한 정보의 전달은 안전은 보이는 듯하지만 보이지 않고, 보이지 않지만 보이는 그런 것입니다. 다시 말해, 안전해 보이는 듯해도 그것이 언제 위험요인으로 바뀔지 모르는 것입니다. 때문에 수시로 작업장 내에서 안전과 관련된 모든 사항들은 빠짐없이 근로자들에게 전달하여 함께 공유해야 합니다. 그리고 근로자들의 안전의식수준은 하루 이틀 사이에 성장하고 성숙되는 것은 아닙니다. 근로자에게 적합한 수준의 안전교육 계획을 알차게 수립하여 연간 계획에 맞추어서 진행해야 합니다. 이러한 교육들이 조금씩 쌓여서 그 회사 근로자들의 전체 안전의식 수준이 올라가고 바로 이어서 회사의 안전문화가 형성되는 것입니다.

책GPT : 네, 알겠습니다. 안전정보 전달은 가능한 최대의 모든 안전정보를 수시로 공유하는 것으로, 안전교육은 의식수준 향상을 위해서 꾸준히 계속해서 실시해야 한다는 지속성이 중요하다는 말씀으로 이해했습니다.

안전심리학자 : 바로 그겁니다. 안전교육은 한두 번의 시행으로 근로자의 안전의식수준이 확 올라가는 그런 것이 아닙니다. 말 그대로 지속적 교육이 가장 중요합니다. 사업장에서의 안전교육은 아무리 강조해도 지

나치지 않아요.

책GPT : 그럼, 말씀처럼 교육의 중요성에 대해서 강조할 때 안전에 관련된 지식과 행동 사이의 과학적 연구가 있나요?

안전심리학자 : 당연하죠. 안전을 다루는 많은 연구에 있어서도 안전지식과 안전행동 사이에는 강한 상관관계가 있음이 증명되었습니다. 안전지식은 개인이 안전한 작업을 수행하기 위해 필요한 지식과 이해를 의미하며, 안전행동은 이러한 지식을 기반으로 실제로 안전한 행동을 취하는 것을 의미합니다.

책GPT : 제가 자료를 찾아보았습니다. (Searching)

아래는 한국 학술지(심리학, 산업 및 조직)에서 최근 발표된 안전지식과 안전행동과 관련된 논문 목록 중 일부입니다.

1. 안전의식, 안전지식, 안전훈련, 안전자기효능감이 안전행동에 미치는 영향: 직무스트레스의 매개효과 (최은주, 박재영, 2018)

2. 안전지식, 안전도전정신, 안전자기효능감이 안전행동에 미치는 영향: 조직구성원을 중심으로(김윤주, 김민지, 이영규, 2018)
3. 안전지식 및 안전태도가 안전행동에 미치는 영향: 스트레스 조절자유도의 조절효과 검증(김민지, 김윤주, 이영규, 2018)

4. 안전지식, 안전태도, 안전행동이 화재예방에 미치는 영향. 한국심리학회지: 산업 및 조직(김한주, 김현주, & 이용주, 2015)

5. 안전지식, 안전태도, 안전행동이 건설현장 안전성과에 미치는 영향 (이민경, 김현주, 이용주, 2018)

6. 안전지식, 안전태도, 안전행동이 교통사고 위험에 미치는 영향 (정윤선, 오재용, 2014)

7. 안전지식, 안전태도, 안전행동이 건강관련 질병 위험에 미치는 영향 (한유진, 김태은, 2019)

안전심리학자 : 많은 연구들이 안전지식과 안전행동 사이의 관계를 조사하였으며, 대부분의 연구에서는 안전지식이 높을수록 안전행동이 적극적으로 나타나는 것으로 나타났습니다. 예를 들어 안전지식이 높은 작업자들은 안전장비를 올바르게 사용하고, 안전규정을 따르며, 위험한 상황에서 적극적으로 대처하는 경향이 있습니다. 반면 안전지식이 낮은 작업자들은 안전장비를 부적절하게 사용하거나, 안전규정을 따르지 않으며, 위험한 상황에서 무감각하게 대처하는 경향이 있습니다.

책GPT : 그럼 안전지식만 근로자들에게 잘 전달된다면 안전행동이 일어날 수 있을까요?

안전심리학자 : 그렇지 않습니다. 안전지식만으로는 안전행동을 보장할 수는 없습니다. 안전에는 지식뿐만이 아니라 개인의 태도와 행동 습관, 조직문화 등 다양한 요소와도 관련이 있기 때문입니다. 그러나 지식, 즉, 교육이라는 것은 가장 기본적인 안전행동의 기본요소이고 그것이 교육철학과도 직결되는 이야기입니다.

책GPT : 교육철학이요?

안전심리학자 : 네, 교육철학의 가장 근본은 '인간은 가르치면, 가르친 대로 행동한다.' 입니다. 우리가 어린 시절부터 초중고대학, 나아가 평생 동안 배우는 이유가 무엇인가요? 모르는 것을 배워서 그만큼 성장한다. 그리고 '성장한 만큼 행동한다'입니다. 안전교육을 해야 하는, 할 수밖에 없는 이유입니다.

책GPT : 그렇군요. 모르니까 행동하지 않는다! 그러니까 알게 만들어서 행동하게 만든다! 이런 뜻이군요.

안전심리학자 : 물론 안다고 다 그대로 행동하는 것은 아니지요. 인간의 행동에 대한 많은 연구를 보더라도 태도와 행동이 반드시 일치되는 것은 아니니까요. 그렇지만 올바른 태도를 지니도록 만드는 최고의 방법은 결국은 지식일 수 밖에 없습니다. 반론의 여지가 없는것이지요.

책GPT : 그럼, 각 회사나 조직마다 안전교육을 실시하기 위한 각각의 방법이나 준비사항들이 있나요?

안전심리학자 : 안전교육은 일반적인 교육과 그 회사, 조직에 특화된 교육으로 나누어집니다. 그러기 위해서는 우선, 우리 조직의 산업적 특성에 대한 충분한 인식이 필요하겠지요. 가장 일반적인 주제의 교육으로는 모든 종업원들이 위험에 대한 인식과 그에 따른 기본적인 대처 방법을 숙지하도록 하는 교육이 필요합니다. 산업현장에서는 위험 인식을 높이기 위한 교육이 매우 중요합니다. 우선 챗GPT는 산업현장에서 위험 인식을 높이기 위한 안전교육 방법들이 어떤 것들이 있는지 알아봐 줘요.

챗GPT : 네, 알겠습니다. (Searching)

산업현장에서 안전교육은 굉장히 중요합니다. 안전한 작업 환경을 조성하고 작업자들의 안전한 작업 습관을 유지하기 위해서는 철저한 안전교육이 필요합니다. 이번에는 산업현장에서 사용되는 다양한 안전교육 방법들을 살펴보겠습니다.

1. 강의식 교육 : 대부분의 산업현장에서는 강의식 교육을 통해 안전에 대한 지식을 제공합니다. 이 방법은 단순하고 직관적이며, 효과적으로 많은 인원에게 안전교육을 전달할 수 있습니다.
2. 시연식 교육 : 시연식 교육은 현장에서 사용되는 기계나 장비의 사용법, 안전장비의 착용법 등을 보여주는 방식입니다. 이 방법은 학습자들에게 더욱 직관적으로 안전한 작업 방법을 전달할 수 있습니다.

3. 사례 연구 : 과거 사고나 사건에 대한 사례 연구를 통해 안전

한 작업 방법을 배울 수 있습니다. 이 방법은 실제로 발생한 사례를 통해 작업자들에게 안전에 대한 경각심을 불러일으킬 수 있습니다.

4. 모의훈련 : 모의훈련은 사고 발생 시 대처 방법을 연습할 수 있는 방식입니다. 이 방법은 비상상황에서 빠르고 안전한 대처 방법을 습득할 수 있도록 도와줍니다.

5. 인터넷 기반 교육 : 인터넷 기반 교육은 적극적인 참여를 유도하며, 비용 효율적입니다. 이 방법은 교육을 받고자 하는 학습자가 스스로 학습 속도와 방식을 조절할 수 있습니다.

6. 게임 기반 교육 : 게임 기반 교육은 학습자들이 게임을 통해 안전한 작업 방법을 학습할 수 있도록 도와줍니다. 이 방법은 학습자들이 즐겁게 학습할 수 있기 때문에 학습 효과가 좋을 수 있습니다.

7. 그룹 토의 : 그룹 토의는 학습자들이 서로 안전한 작업 방법에 대해 의견을 나누고, 협력적으로 안전한 작업 환경을 조성하기 위해 적극적인 참여가 필요합니다. 이 방법은 학습자들이 서로의 생각과 의견을 공유하며, 안전한 작업 방법에 대한 인식을 함께 고취시킬 수 있습니다. 그룹 토의를 통해 안전문제에 대한 인식과 이해를 높일 수 있으며, 작업자들 사이의 협력과 의사소통 능력을 향상시켜 안전한 작업 환경을 조성할 수 있습니다.

안전심리학자 : 아주 잘 조사해 주었어요. 우리가 일반적으로 학교에서만이 아니고 강의장에서 안전에 대하여 강의하고 교육할 때 위에처럼 다양한 방법으로 교육생들에게 안전이라는 주제로 이야기하고 있어요. 그런데 위와 같은 다양한 방법들이라 하더라도 산업현장에서 근로자들을 대상으로 강의하여 교육한다는 것은 여간 힘들 작업이 아닙니다. 그 교육적 효과성을 충분히 고려해서 교육에 대한 기획을 수립해야 합니다.

책GPT : 그러면 이러한 안전교육을 효과적으로 제공하는 방법에는 어떤 것이 있을까요?

안전심리학자 : 산업현장에서 위험 인식을 높이기 위한 효과적인 교육은 다양한 방법이 있다고 생각합니다. 때문에 우선적으로 해야 할 것은 안전교육 프로그램을 제대로 설계하는 것이 중요합니다. 산업현장에서 발생할 수 있는 실제 안전사고 사례와 연계하여 설계되어야 하며, 참여자들의 기존 지식수준과 학습 목표를 고려해야 합니다. 또한, 해당 산업 현장의 위험과 규제에 대한 이해, 안전규정 준수, 위험 요인 식별 및 대응 전략, 위험 평가 등을 다루어야 합니다. 교육 프로그램은 산업현장에서 발생할 수 있는 실제 사례와 연계하여 설계되어야 하며, 참여자들의 기존 지식수준과 학습 목표를 고려해야 합니다.

책GPT : 각각의 회사와 조직의 특성이 충분히 고려되어서 교육프로그램이 설계되어야 한다는 말씀이시군요.

안전심리학자 : 맞아요. 또한, 현장과 매우 유사한 환경의 시뮬레이션

및 훈련을 통해 위험 인식 능력을 강화할 수 있습니다. 안전교육은 작업 환경과 작업자에 따라 다양한 방법으로 제공될 수 있습니다. 그중에서도 교육 내용이 직접 체험할 수 있는 실습형 교육 방법은 매우 효과적입니다. 작업환경에 맞춰 실제 작업장에서 안전절차를 직접 수행해 보는 것은 작업자들에게 큰 도움이 됩니다. 이를 위해 가상훈련 시설을 구축하거나 안전교육용 시뮬레이션 프로그램을 활용할 수 있습니다. 이를 통해 위험 상황에서 적절한 대처 방법을 연습할 수 있습니다.

책GPT : 네, 실습형 교육 방법이란 교육 내용을 직접 체험하면서 배우는 방법이라고 알고 있어요. 이 방법은 텍스트나 강의만으로 전달하기 어려운 실제 상황에서의 경험을 제공하며, 학습 효과를 높이는 데 도움이 된다는 것 같아요.

안전심리학자 : 맞아요. 안전교육에서도 실습형 교육 방법이 매우 중요합니다. 실습형 교육 방법은 이론적인 내용뿐만 아니라, 실제로 발생할 수 있는 사고나 위험 상황에서의 대처 방법 등을 체험하며 학습할 수 있기 때문입니다.

책GPT : 그렇군요. 그렇다면 실습형 교육 방법을 통해 어떤 것들을 배울 수 있을까요?

안전심리학자 : 실습형 교육 방법을 통해 학습할 수 있는 것들은 다양합니다. 예를 들어 고소작업 시 안전, 화재나 폭발 대피, 응급 상황 대처, 다양한 현장의 안전작업 연습, 고소공포증 극복 등 다양한 주제를 다룰 수

있습니다. 이러한 주제들은 일반적인 강의나 텍스트만으로는 학습하기 어렵고, 체험을 통해 배우는 것이 더욱 효과적입니다.

책GPT : 그렇군요. 그러면 이러한 실습형 교육 방법을 적용할 때 어떤 점에 주의해야 할까요?

안전심리학자 : 실습형 교육 방법을 적용할 때는 학습자의 안전에 항상 주의해야 합니다. 학습자들이 실제 위험 상황을 체험하게 될 경우, 그 위험성이 예상보다 크기 때문입니다. 따라서 학습자들의 안전을 위해 충분한 안전 대책을 마련해야 합니다. 안전 대책을 마련하는 것이 필수적입니다. 또한, 학습자들이 안전하게 학습할 수 있도록 충분한 안내와 감독을 제공하는 것이 중요합니다.

책GPT : 그렇군요. 그러면 어떻게 안전 대책을 마련할 수 있을까요?

안전심리학자 : 안전 대책을 마련하는 데는 여러 가지 방법이 있습니다. 예를 들어, 위험을 최소화하는 시뮬레이션 환경을 구축하거나, 학습자들의 안전을 위한 보호 장비를 사용하는 등의 방법이 있습니다. 또한, 학습자들에게 사전에 충분한 안내와 감독을 제공하여 학습자들이 안전하게 학습할 수 있도록 하는 것이 가장 중요합니다.

책GPT : 그런데 실습형 교육 방법을 적용할 때, 학습자들이 불안해하거나 두려워하게 될 수도 있을 것 같아요. 이런 경우에는 어떻게 해야 할까요?

안전심리학자 : 맞아요. 학습자들이 불안하거나 두려워할 수 있는 경우에는 학습자들의 안전과 마음을 보호해 주는 것이 중요합니다. 이를 위해, 학습자들에게 안전에 대한 이해를 높이는 교육이나, 학습 전에 충분한 설명과 안내를 먼저 충분히 제공하는 것이 도움이 됩니다. 또한, 학습자들이 경험하는 감정에 대한 이해와 수용을 위한 관리 체계도 필요합니다.

책GPT : 네, 한편으로는 안전교육은 내용이 무척이나 중요한데 어떻게 구성해야 하나요?

안전심리학자 : 안전교육의 내용은 기본 안전 규칙 및 절차, 작업장의 특정 위험 및 위험, 사고 또는 비상사태를 예방하고 대응하는 방법 등을 다루어야 합니다. 교육은 직장과 직원의 특정 요구에 맞게 조정되어야 하며 강의, 비디오 및 실습 교육과 같은 다양한 교수법을 사용하여 교육을 매력적이고 기억에 남도록 만드는 것이 중요합니다.

안전교육에서는 다양한 내용을 다룰 수 있습니다. 그중에서도 가장 기본이 되는 것은 위험 인식과 대처 방법입니다. 이를 위해, 안전에 대한 이해와 경험을 높이는 교육이 필요합니다.

책GPT : 그렇군요. 그러면 안전에 대한 이해와 경험을 높이는 방법에는 어떤 것들이 있을까요?

안전심리학자 : 안전에 대한 이해와 경험을 높이는 방법으로는 다음과

같은 것들이 있습니다. 첫째, 안전 규정과 절차에 대한 교육입니다. 이를 통해 학습자들은 자신이 일하는 환경에서 어떤 위험과 대처 방법들이 있는지 배울 수 있습니다. 둘째, 위험 상황 시 대처 방법에 대한 교육입니다. 이를 통해 학습자들은 위험 상황이 발생했을 때 적절한 대처 방법을 알고, 빠르게 대응할 수 있습니다.

책GPT : 그렇군요. 그 외에는 무엇이 있을까요?

안전심리학자 : 또한, 학습자들이 안전한 행동 방식을 습관화할 수 있도록 교육하는 것도 중요합니다. 이를 위해, 두 번째로 학습자들에게 지속적인 안전 교육과 모범 사례를 제공하여 안전한 행동을 유지하도록 돕는 것이 필요합니다. 마지막으로, 위험 상황에서의 대처 능력을 향상시키기 위해 시뮬레이션 훈련을 제공하는 것도 좋은 방법 중 하나입니다.

책GPT : 알겠습니다. 산업 안전교육에서는 이러한 내용들을 다루어야 하는군요. 이 내용들을 효과적으로 전달하기 위해서는 어떤 방법이 좋을까요?

안전심리학자 : 방법론적으로는 학습자들이 이해하기 쉬운 언어와 그림을 사용하여 내용을 전달하는 것이 좋습니다. 또한, 실제 사례나 사고 사례를 활용하여 학습자들이 직접 경험하도록 하는 것도 효과적입니다. 무엇보다도 교육자들이 학습자들과 소통하며 학습자들의 이해도와 수준을 파악하고 적극적인 피드백을 제공하여, 학습자의 교육에 대한 수용능력을 높여야 합니다.

책GPT : 그리고 다양한 교육자료나 온라인 교육 등도 있겠죠?

안전심리학자 : 맞습니다. 다양한 교육 방법을 적극 활용하여 작업자들이 쉽게 이해할 수 있는 교육자료를 제공하는 것도 중요합니다. 또한, 온라인 교육은 학습자의 시간과 장소에 구애받지 않고 학습이 가능하기 때문에 교육 효율성을 높일 수 있습니다. 물론, 온라인 교육의 단점은 집중력이 떨어진다는 큰 단점도 가지고 있습니다. 교육생이 자발적이고 적극적인 학습자가 아닐 경우 집중력이 크게 떨어진다는 것입니다.

책GPT : 그러면 교육의 주기나 내용은 어떻게 결정하면 좋을까요?

안전심리학자 : 안전교육은 일회성이 아닌 지속적으로 이루어져야 합니다. 안전교육을 지속적으로 실시함으로써 근로자들이 안전에 대한 인식을 지속적으로 유지하고, 안전에 대한 자세를 습관화할 수 있습니다.

책GPT : 얼마나 자주 교육을 시켜야 효과적일까요?

안전심리학자 : 교육은 물론 자주 많이 하면 좋다고 생각할 수 있겠지만, 실제로는 교수자의 교습법과 학습자의 동기, 학습능력, 등 많은 것들을 고려해야 합니다. 이론적으로는 인간이 하나의 습관을 형성하는데 걸리는 시간은 쉬운 습관은 18일, 보통은 66일, 적극적 노력이 필요하면 91일 걸린다는 연구가 있습니다. 우리의 학습 기간을 학기제로 볼 때, 약 석 달 (90일) 정도로 한 학기를 구성하는 것도 이러한 심리학적 이론을 기반으로 하는 것입니다.

책GPT : 아, 그런 이론적 근거가 있었군요. 결국, 한 학기 동안 열심히 공부해서 몸에 익혀서 행동하게 만든다는 의미군요. 참, 재미있네요.

안전심리학자 : 네, 그렇습니다. 결국, 안전교육 역시도 적극적으로 가르치고 익혀서 안전행동을 습관화시키려면 한 90일 정도의 지속적인 교육의 반복학습이 필요하지 않을까요? 매일은 아니더라도 그만큼 반복적으로 교육을 시켜야 한다는 뜻입니다.

책GPT : 너무 중요한 말씀을 해주셨네요. 산업현장에서 교육을 얼마나 해야 효과적인가에 관련한 문제는 교육담당자들에게 참으로 중요한 문제이거든요.

안전심리학자 : 다음으로 안전교육은 모든 근로자들에게 균등하게 제공되어야 합니다. 즉, 새로 입사한 근로자나 비전문가 근로자들도 안전교육에 참여할 수 있도록 해야합니다. 또한, 다양한 방법으로 안전교육을 실시함으로써 근로자들이 더욱 효과적으로 교육을 받을 수 있도록 지원해주는 것이 중요합니다.

책GPT : 네, 감사합니다. 교육은 시작보다도 마무리가 더 중요하다고 합니다. 그런점에 있어서 안전교육을 끝내는 마무리 부분에 있어서 어떻게 해야 하나요? 어떤 피드백 같은 것도 제공해야 하나요?

안전심리학자 : 네, 그렇습니다. 교육을 마무리 할 때는 반드시 그날, 그 시간에 교육했던 내용에 대한 요점정리나 핵심 내용을 다시 한번 상기시

키면서 마무리하는 것이 정말 필요합니다. 그리고 만약 교육내용이 체험형 교육이었다면 학습자에게 적극적인 피드백을 제공함으로써 교육의 효과를 훨씬 향상시킬 수 있습니다. 교수자는 교육을 통해서 학습자들이 정확하게 식별한 위험과 대처 방법을 인식하고 인지하는 것을 확인하는 것이 중요합니다. 이러한 피드백을 통해서 서로 간의 경험을 공유할 수 있게 됨으로써 새로 온 종업원들이 실제 위험 상황에 대한 이해를 훨씬 높일 수 있습니다.

책GPT : 정말 좋은 말씀입니다. 그럼, 안전교육에 있어서 마지막으로 해주실 말씀은?

안전심리학자 : 네, 끝으로, 안전교육을 진행하는 교수, 강사들의 역량이 너무나도 중요하다고 꼭 말씀드리고 싶습니다. 현장에서의 현실은 안전교육 강사가 누구인가에 따라 그 교육 효과는 너무도 차이가 극명하게 드러난다고 말씀드리겠습니다. 사소한 문제인 것 같지만 어쩌면 가장 중요한 문제이기도 합니다. 이러한 안전교육의 중요성과 효과적인 방법을 적극적으로 실천함으로써 산업현장에서 안전사고를 예방하고, 근로자들의 안전과 건강을 보장할 수 있습니다.

책GPT : 네, 중요한 말씀입니다. 아는 것과 전달하는 것은 전혀 다른 문제인듯합니다. 때문에 강사님께서 아시는 내용에 대하여 근로자들에게 잘 전달하는 방법에 대해서 많은 연구와 노력을 해야하는 것도 역시나 매우 중요한 문제입니다.

안전심리학자 : 네, 누누이 이야기하지만, 안전교육 전달의 효용성은 가장 큰 것이 전달자의 역량이라고 생각합니다. 그러므로 각 회사에서는 이러한 역량 있는 안전강사를 확보하는 것에 노력을 기울여야 합니다. 챗GPT가 찾아서 정리해 줘요.

챗GPT : 훌륭한 안전강사님의 확보에 대해서 조사했습니다. (Searching)

산업안전강사는 근로자들의 안전과 건강을 보호하고 예방하는데 중요한 역할을 담당합니다. 따라서 훌륭한 산업안전강사를 확보하기 위해서는 다음과 같은 방법들을 고려할 수 있습니다.

1. 자격 요건 확인하기 : 산업안전강사는 근로자보호법에서 정한 자격요건을 충족해야 합니다. 따라서 훌륭한 산업안전강사를 확보하기 위해서는 근로자보호법에서 요구하는 자격을 가진 강사를 선발해야 합니다.

2. 전문 교육 기관에서 선발하기 : 산업안전강사를 양성하는 전문 교육 기관에서 강사를 선발하는 것도 좋은 방법입니다. 전문 교육 기관에서 선발되는 강사는 교육과정에서 체계적인 교육을 받았기 때문에 전문성과 역량을 보유하고 있습니다.

3. 역량과 경험을 고려하기 : 산업안전강사는 근로자들의 안전과 건강을 보호하는 데 중요한 역할을 담당합니다. 따라서 역량

과 경험이 중요한 역할을 합니다. 훌륭한 산업안전강사를 선발하기 위해서는 역량과 경험을 고려하여 적합한 강사를 선발해야 합니다.

4. 인터뷰와 실무검사 : 산업안전강사는 전문성과 역량뿐만 아니라 커뮤니케이션과 교육 능력도 필요합니다. 따라서 인터뷰와 실무 검사를 통해 강사의 교육 능력과 커뮤니케이션 역량을 평가할 필요가 있습니다.

5. 추천과 평가 : 훌륭한 산업안전강사를 선발하기 위해서는 추천과 평가도 중요한 역할을 합니다. 이미 출신 기업에서 경험이 있는 강사의 추천을 받거나, 업계에서 인지도가 높은 강사를 선발하는 것도 좋은 방법입니다. 또한, 선발된 강사의 교육 성과를 평가하여 지속적으로 개선할 수 있도록 노력해야 향후 산업안전 교육의 효과를 높일 수 있습니다. 이를 위해 학습자들의 피드백을 적극 수렴하고 강사의 교육 계획을 지속적으로 개선하는 등 평가와 개선에 대한 노력이 필요합니다.

: 위와 같은 내용으로 조사됩니다.

안전심리학자 : 조사를 너무 잘 해주었네요. 추가적으로 조사 내용에 덧붙인다면 사내강사의 양성입니다. 요즘은 역량 있는 사내 강사님들이 무척이나 많습니다. 더구나 퇴사 이후에 안전강사로서 활동하고자 하시는

분들도 늘어나고 있습니다. 그러므로 사내에서 역량 있는 사내 안전강사를 적극적으로 양성하는 것이 필요합니다. 이런 점이 이후의 강사 비용이나 활동 범위에 있어서 매우 효용성이 높습니다. 물론 사내강사님의 경우 사내 근로자들에게 인기가 없는 것도 사실이긴 합니다.

책GPT : 교수님은 훌륭한 안전강사를 확보하는 방법으로 어떤 방법을 추천해 주시겠습니까?

안전심리학자 : 제 개인적으로는 첫째가 추천과 평가입니다. 챗GPT가 조사했듯이 그 강사는 이미 다른 기관이나 출신 기업에서 강의로 검증되었기 때문에 경력이나 자격, 그리고 강의평가 등 대부분을 믿을 수 있기에 거의 강사 섭외에 실패가 없습니다. 두 번째로 역량과 경험을 고려하기입니다. 강의 내용 등에 있어서 실무적 경험이 무척이나 중요하기 때문에 경험치를 반드시 고려해야 합니다. 저라면, 이 두 가지를 고려해서 강사를 섭외하겠습니다. 이러한 방법을 위해서 회사에서 강의 전 사전 인터뷰하는 것도 추천해 드립니다. 훌륭한 강사님은 회사의 안전의식과 수준을 높이는 데에 그 이상의 값어치를 하십니다. 훌륭한 안전교육 강사님을 모시는 데 회사에서 아낌없는 투자를 해 주시길 꼭 말씀 올립니다.

책GPT : 네, 안전교육 강사님 섭외에 공을 기울이라는 말씀이셨습니다. 자세히 말씀을 해주셔서 감사합니다.

제9장 · 안전사고 발생 시 대처 방법과 사후 대처 전략은 무엇인가요?

안전사고 발생 시 대처 방법과 사후 대처 전략은 무엇인가요?

책GPT : 다음은 여덟 번째 '안전사고 발생 시 대처 방법과 사후 대처 전략은 무엇인가요?'에 대해서 이야기를 나누어 보도록 하겠습니다.

안전심리학자 : 네, 안전사고가 발생하면 대처 방법과 사후 대처 전략이 매우 중요합니다. 어떤 대처 방법과 사후 대처 전략이 있는지 챗GPT가 조사해줄래요?

책GPT : 네, 알겠습니다. (Searching)

안전사고가 발생하면 즉각적으로 대처해야 합니다. 이를 위해서는 다음과 같은 대처 방법이 필요합니다.

1. 즉각적인 대응 : 사고가 발생하면 즉시 주변인들에게 신고하고 응급조치를 취해야 합니다. 응급상황에서는 119, 112 등의

응급전화를 이용해 신속하게 구조요청을 해야 합니다.

2. 안전한 장소로 이동 : 안전하지 않은 곳에서는 추가적인 위험이 발생할 수 있으므로, 가능한 한 안전한 장소로 이동해야 합니다. 불이 난 경우에는 건물을 빠르게 떠나야 하며, 화학물질 누출 등의 경우에는 바람을 따라 가장 안전한 방향으로 이동해야 합니다.

3. 피해를 최소화 : 사고가 발생한 경우 피해를 최소화하는 것이 중요합니다. 예를 들어 화재 발생 시 화재 확산을 막고, 구조 대원이 도착하기 전에 대피를 시켜야 합니다.

4. 사후조치 : 사고 이후에는 적극적인 사후조치가 필요합니다. 이를 위해서는 사고 원인을 파악하고, 향후 발생할 수 있는 사고를 예방하기 위한 대책을 마련해야 합니다. 또한, 사고로 인한 피해를 적극적으로 대처하여 상황을 개선해야 합니다.

안전심리학자: 네, 안전사고 발생 시 가장 먼저 해야 할 것은 즉시 대처하는 것입니다. 다른 종업원들에게 빠르게 현재의 위험 상황을 알리고, 가까운 안전장비를 사용하여 즉시 대처해야 합니다.

책GPT : 맞아요. 대처가 늦어지면 안전사고가 더 커지기 때문에 가능한 한 빠르게 즉각적으로 대처해야 합니다.

안전심리학자 : 네, 그렇습니다. 대처를 할 때는 즉시성, 신속성과 정확성 모두를 갖춰야 합니다.

첫째, 즉시성은 안전사고가 발생했을 때 빠르게 대처해야 한다는 것을 의미합니다. 안전사고가 발생하면 매우 빠르게 대처해야 합니다. 대처가 늦어지면 사고가 더욱 커질 수 있습니다.

둘째, 신속성은 대처 방법의 신속한 실행을 의미합니다. 즉, 안전사고 대처를 위한 장비와 시스템이 빠르게 작동하도록 유지되어야 합니다. 우왕좌왕해서 골든타임을 놓치는 일이 없어야 합니다. 이를 위해 적절한 유지 보수 및 운용에 필요한 안전시스템이 사전에 필요합니다.

셋째, 정확성은 대처 방법의 정확성을 의미합니다. 안전사고 대처를 위해 사용되는 장비와 시스템은 정확하게 작동해야 합니다. 종업원들이 대처 방법을 정확히 이해하고, 올바르게 실행할 수 있어야 합니다. 따라서 교육과 훈련을 통해 종업원들의 대처 능력을 향상 시켜야 합니다.

책GPT : 네, 그렇습니다. 또한, 안전사고 발생 시 사후 대처 전략도 중요한데, 이를 위해서는 안전사고 발생 시 기록을 즉시 작성하고, 관련자들과 공유해야 합니다. 그리고 안전사고 원인을 분석하고, 이를 개선할 수 있는 대책을 마련해야 합니다.

제가 조사한 사후 대처 방안으로는 다음과 같은 것들이 있습니다. (Searching)

1. 원인 파악 : 사고가 발생한 원인을 파악해야 합니다. 이를 위해서는 발생 시간, 장소, 사고 원인 등을 조사하고 분석해야 합니다.

2. 피해 평가 : 사고로 인한 피해 규모와 정도를 평가해야 합니다. 이를 위해서는 인명 피해, 재산 피해, 환경 피해 등을 고려해야 합니다.

3. 대처 계획 수립 : 사고 이후에는 대처 계획을 수립하여 적극적으로 대처해야 합니다. 대처 계획은 사고 예방, 사고 발생 시 대응, 피해 복구 등을 포함해야 합니다.

4. 피해 복구 : 사고로 인한 피해를 복구하는 것이 중요합니다. 이를 위해서는 빠른 대처와 조치가 필요합니다. 피해를 복구하기 위해서는 인력, 재화, 기술, 시간 등 다양한 자원이 필요합니다. 이를 위해서는 복구 작업에 필요한 자원을 충분히 확보해야 하며, 이를 위한 예산 및 인력 등을 미리 마련해야 합니다. 또한, 피해 복구 작업을 진행하면서 예방 대책을 마련하여 향후 사고를 예방하는 것이 중요합니다.

안전심리학자 : 그렇습니다. 안전사고 발생 시에는 빠르고 효과적인 사

후 대처가 필요합니다. 안전사고의 원인을 파악하여 해당 문제를 해결하는 것이 중요합니다. 또한, 비슷한 안전사고가 발생하지 않도록 예방하는 대책도 마련해야 합니다. 그러기 위하여 이전에 비슷한 사고가 발생했을 경우 이에 대한 경험과 지식을 공유하는 것도 중요합니다.

책GPT : 그리고 안전사고가 발생한 경우 종업원들의 스트레스와 부상을 줄일 수 있는 치료와 상담 프로그램도 필요합니다. 전문가가 보시기에 어떻습니까?

안전심리학자 : 맞아요. 안전사고가 발생하면 신체적인 부상뿐만 아니라 정신적인 충격도 받을 수 있습니다. 아주 중요한 문제입니다. 따라서 이에 대한 치료와 상담 프로그램도 마련되어야 합니다. 챗GPT가 생각하는 치료와 치료프로그램은 어떤 것이 있을까요? 찾아봐 줄래요?

책GPT : 네, 알겠습니다. (Searching)

안전사고가 발생한 경우에는 정신적인 부담과 후유증, 외상 후 스트레스 장애 등의 심리적 문제를 겪을 수 있습니다. 이러한 경우 치료 프로그램으로는 다음과 같은 것들이 있습니다.

1. 상담을 통한 심리 치료

인지행동치료 (Cognitive-behavioral therapy, CBT) : 안전사고로 인한 부정적인 사고와 감정, 행동을 수정하는 것을 중점으로 한 불안 장애 치료 방법입니다. 안전사고의 원인을 파악하고, 안전한 행동을 연습하며, 치료 과정에서 안전성 강화를 위한 지원을 제공합니다.

행동 치료: 안전사고로 인한 심리적 문제가 부정적인 행동으로 나타나는 개인의 행동 패턴을 수정하는데 중점을 둔 치료입니다. 이러한 치료에는 스트레스 셀프 감소 기술, 대인관계 대처 기술 등이 포함됩니다.

2. 정신과적인 치료

EMDR 치료법 : 트라우마를 다루는 치료 방법으로 안전사고 후 외상 후 스트레스 장애(PTSD)의 치료에 주로 사용됩니다. 안전사고와 관련된 기억이나 감정을 처리하는데 도움을 주는 방식입니다.

약물치료 : 안전사고로 인한 심리적 문제를 해결하기 위해, 특히 우울증이나 불안장애가 심한 경우에는 적절한 약물 치료를 통해 증상을 완화시키는 것이 가능합니다.

3. 집단 치료

안전사고로 인한 심리적 문제를 같이 겪는 다른 사람들과 함께 하는 치료입니다. 안전사고에 대한 경험과 감정을 공유하며, 서로에게 도움을 주고 받으며, 치료를 진행합니다.'

안전심리학자 : 특히 챗GPT가 이야기한 집단치료 프로그램은 개인적

인 정신과적 치료나 상담과는 또 다른 성격의 기업의 조직적인 차원에 있어서 매우 중요한 역할을 합니다. 집단 치료란, 같은 안전사고의 경험을 공유하고 비슷한 심리적, 행동적 어려움을 겪는 사람들이 모여서 상호 작용하고, 서로에게 지원을 제공하는 치료 방법입니다.

안전사고로 인한 정신적 충격이나 외상 후 스트레스 장애를 겪은 직원들은 비슷한 어려움을 겪고 있기 때문에, 집단 치료를 통해 서로에게 공감하고 지지를 제공함으로써 상호 작용을 통해 상처를 치유하는 데에 큰 도움이 됩니다. 집단 치료는 대개, 안전교육이나 심리상담 등의 다른 치료 방법과 함께 사용됩니다. 안전교육은 사고 예방을 위해 교육을 받는 것이며, 심리상담은 정신적인 문제를 다루기 위한 전문적인 상담입니다. 집단 치료는 이러한 치료 방법과 함께 사용되면서, 안전사고로 인한 정신적 충격과 스트레스를 치유하고, 다시 일상생활로 복귀하는 데에 도움을 줍니다.

또한, 집단 치료는 조직 내부의 사람들이 서로의 지원을 받을 수 있는 적극적인 문화를 조성하게 됩니다. 이러한 문화는 안전사고 예방과 같은 목표를 달성하는 데에도 큰 도움이 됩니다.

책GPT : 그렇습니다. 안전사고 발생 시 대처 방법과 사후 대처 전략은 모두 매우 중요합니다. 이를 통해 산업현장에서 안전을 유지할 수 있을 것 같습니다.

안전심리학자 : 기업의 역할은 종업원의 역량을 최대한 발휘하게 하여 이익을 극대화하는 근본적인 생산성뿐만이 아니라 안전사고를 예방하는 것은 물론, 안전사고 발생 시에는 신속하고 효과적으로 대처하여 종업원들의 안전과 건강을 보호해야 하는 의무도 함께 지니고 있습니다.

제 10 장 · 안전한 직장환경과 안전문화를 조성 하기 위한 방법은 무엇인가요?

안전한 직장환경과 안전문화를 조성 하기 위한 방법은 무엇인가요?

책GPT : 자 그럼, 다음 주제에 대하여 이야기를 나누어 보도록 하겠습니다. 주제가 아홉 번째 '안전한 직장환경과 안전문화를 조성하기 위한 방법은 무엇인가요?'인대요. 그 방법으로는 어떤 것이 있을까요?

안전심리학자 : 첫 번째로는, 조직 자체의 적극적인 안전관리 체계를 구축하는 것입니다. 안전행동 강화를 위한 제도, 절차, 규정, 지침 등을 마련하고, 그에 따른 업무 수행 방식을 정해놓는 것이 중요합니다.

책GPT : 그렇겠네요. 안전관리 체계를 구축하여 위험을 사전에 예방하고, 위험 발생 시 신속하고 정확한 대처가 가능하도록 준비하는 것이 중요할 것으로 생각됩니다. 그럼 말씀하신 제도, 절차, 규정, 지침에 대해서 좀 더 자세하게 말씀해주세요.

안전심리학자 : 네, 안전환경을 위해서 안전관리 체계 구축은 매우 중요

한 문제입니다.

첫째로, 안전관리 제도는 안전과 관련된 모든 제도, 정책, 계획 등을 통칭하는 용어입니다. 이를 통해 조직 내부에서 안전과 관련된 일이 일관되게 수행될 수 있도록 합니다. 안전관리 제도는 조직의 크기와 종류, 산업군 등에 따라 다양하게 구성될 수 있습니다. 일반적으로는 안전관리에 대한 책임과 권한을 명확히 하고, 안전에 대한 정책을 수립하며, 안전 위험 평가와 관련한 기준을 제시하는 등의 내용을 포함합니다.

둘째로, 안전관리 절차는 안전관리 제도에 기반하여, 안전과 관련된 일을 수행하기 위한 절차를 정리한 것입니다. 안전관리 절차는 조직의 안전과 관련된 업무 수행 방식, 안전 위험 평가 및 관리, 사고 발생 시 대응 절차 등을 포함합니다. 안전관리 절차는 일관성 있는 안전관리를 위해 필요하며, 모든 직원이 이를 숙지하고 준수할 수 있도록 교육과 훈련이 필요합니다.

셋째로, 안전관리 규정은 안전에 관련된 법령, 규정, 규칙, 지침 등을 포함하는 것입니다. 이는 안전관리 제도와 절차를 구체화하고, 안전 위반 시 처벌 등을 명시하여 안전을 보장하는 역할을 합니다. 안전관리 규정은 법적으로 강제성이 있으며, 안전 관련 당사자들이 준수해야 하는데, 이는 안전성을 보장하기 위한 기본적인 요건입니다.

마지막으로, 안전관리 지침은 안전과 관련된 업무를 수행하는 데 도움이 되는 실질적인 지침서나 교재 등을 말합니다. 안전관리 지침은 안전 관련 직무 수행 시에 필요한 지식과 노하우를 제공하며, 안전교육의 중요한 요소 중 하나입니다. 안전관리 지침은 안전관리 제도가 잘 시행될 수 있는 여러 가지 기능을 제공하는데, 예를 들어 안전장비 사용법, 안전절차 등에 대한 정보, 안전성을 높이기 위한 실천적인 조언 등이 포함됩니다. 또한, 안전관리 지침은 새로 입사한 직원들이나 업무 변경 등으로 인해 새로운 안전 관련 지식을 습득해야 할 때 유용하게 사용될 수 있습니다. 이를 통해 안전한 직장환경을 조성할 수 있습니다.

책GPT : 역시 안전심리학의 최고 전문가님답게 매우 자세하게 말씀해 주셨습니다. 그럼 직장 내 안전환경 조성을 위한 두 번째 방법은 무엇입니까?

안전심리학자 : 역시나 앞서 우리가 이야기를 통해서 강조했던 안전과 관련된 기본적인 지식과 교육이 필요합니다. 직원들에게 교육을 제공하고, 안전한 근로 환경에 대한 인식을 높이는 것이 중요합니다.

책GPT : 맞습니다. 교육을 통해 직원들이 안전을 중요시하는 생각들을 모두 가지고, 안전한 근로 환경을 만들기 위해 노력할 수 있도록 도와주는 것이 필요합니다.

안전심리학자 : 그렇지요. 안전한 행동이란 안전한 신념에서 나옵니다.

그런데 이 안전한 신념이라고 하는 것은 주체인 인간이 그 부분에 대한 지식을 통해서 알아야 생성되는 개념입니다. 때문에 당연히 안전한 행동을 위해서는 안전교육이 가장 선행되어야 하는 부분입니다.

책GPT : 아, 안전행동의 선행이 안전신념이고 안전신념의 선행 요건이 안전교육이다! 이거 매우 중요한 이야기를 해 주셨습니다.

안전심리학자 : 우리가 교육을 중요시하고 당연히 여겨야 하는 이유이기도 합니다.

책GPT : 네, 그럼 이어서 세 번째 방법은 무엇입니까?

안전심리학자 : 세 번째는 위험 인식을 높이는 것입니다. 직원들은 위험을 인식하지 못하거나 경각심이 부족할 수 있습니다. 따라서 위험성에 대한 정보를 주기적으로 제공하고, 안전에 대한 적극적인 의식을 심어주는 것이 필요합니다. 이것은 앞서 이야기 한 교육적 방법론과도 일맥상통합니다. 우선 새로 입사한 직원들에게는 안전교육과 훈련이 필수적이며, 안전 관련 사항들을 정기적으로 업데이트하여 직원들이 최신 안전정보에 대해 항상 인지하도록 하는 것이 좋습니다.

둘째로, 안전 인식을 높이기 위해 조직 내부에서 위험 평가를 실시하는 것이 중요합니다. 위험 평가는 조직 내부에서 어떤 위험이 있는지 파악하고, 그 위험을 최소화하는 방법을 제시합니다. 이를 통해 직원들은 위험한 상황을 파악하고, 적절한 대응 방법을 수립할 수 있습니다.

셋째로, 직원들 간의 소통을 촉진하여 위험 인식을 높이는 것이 중요합니다. 직원들끼리 상호 간의 정보교류를 적극적으로 이끌고, 위험한 상황이나 조치사항 등에 대해 서로 공유하면서 직원들의 안전 인식을 함양할 수 있습니다.

책GPT : 네, 말씀하신 것처럼 직원들의 위험 인식을 높이는 것이 매우 중요합니다. 위험성에 대한 정보를 주기적으로 제공하고, 안전한 근로 환경에 대한 의식을 함양하여, 모든 직원들이 안전을 위해 노력할 수 있도록 도와야 합니다. 자, 그다음 방법은 무엇입니까?

안전심리학자 : 다음 방법으로는 안전한 행동을 인센티브로 보상하는 것입니다. 안전한 행동을 취하고, 안전을 위한 노력을 기울인 직원들에게는 인센티브를 제공하여, 안전한 근로환경을 만드는 데 동기부여를 제공할 수 있습니다. 안전한 행동을 촉진하기 위해 인센티브 제도를 도입하는 것은 매우 효과적입니다. 인센티브 제도를 도입한 조직에서는 안전한 행동을 하거나 사고 예방에 기여하는 직원들이 증가하게 됩니다. 이는 조직 전반의 안전성을 높이는 데 매우 큰 역할을 합니다.

예를 들어 안전 규정을 지키거나 안전장비를 올바르게 사용하는 등 안전한 행동을 취한 직원들에게 보상금을 주는 것이 있습니다. 또한, 안전대회를 개최하여 안전한 행동에 대한 경쟁을 유도하고, 우수한 성적을 내는 직원들에게 상금이나 기념품을 제공하는 것도 인센티브 제도의 일종입니다. 그러나 인센티브 제도도 항상 효과적인 것은 아닙니다. 때로는 인센티브 제도가 오히려 안전 규정을 무시하거나 위험을 감수하게 만들 수도 있습니다. 따라서 인센티브 제도를 도입할 때는 조심해야 하며, 안전한 행동을 촉진하는 데 집중해야 합니다. 또한, 인센티브 제도는 안전한 `행동을 하지 않는 직원들에게는 제재를 가할 때의 보완적인 역할도 합니다. 즉, 안전한 행동을 하지 않는 직원들에게는 인센티브 제도를 적용하지 않거나, 벌칙을 가하거나, 적절한 교육을 실시하는 등의 제재를 가할 수 있습니다.

책GPT : 말씀하신 것처럼 안전한 행동을 취하고 노력한 직원들에게 인센티브를 제공하여, 안전을 위한 노력을 장려하고 동기부여를 제공하는 것이 중요합니다. 단, 인센티브 제도의 시행에는 부정적인 면도 있다는 것을 고려하여 시행에는 신중하게 진행해야 된다는 말씀이셨습니다. 그럼, 다음으로는 또 어떤 방법이 있을 수 있나요?

안전심리학자 : 마지막으로는 앞서 모든 내용들이 직장 내에 모여서 안전문화를 조성하는 것입니다. 우리가 궁극으로 추구하고자 하는 안전문화조성이지요. 조직 내 모든 구성원이 안전을 중요시하고, 안전한 근로환경을 만들기 위해 모두가 함께 노력하는 조직문화를 만드는 것이 중요합니다.

책GPT : 그렇습니다. (Searching)
조직문화와 안전문화는 서로 긴밀한 관계를 가지고 있습니다. 안전문화는 조직문화의 일부분이며, 조직문화는 안전문화를 형성하는 데 큰 역할을 합니다. 안전한 조직문화는 안전한 행동을 취할 수 있는 환경과 안전을 중요하게 생각하는 분위기를 조성합니다. 반면, 안전하지 않은 조직문화는 안전한 행동을 취하기 어려운 환경과 안전을 경시하는 분위기를 형성하게 됩니다.

안전심리학자 : 안전문화를 강화하기 위해서는 조직문화의 변화가 필요합니다. 조직 구성원들이 안전을 중요하게 생각하도록 하기 위해서는 조직의 리더십, 교육, 규제, 인센티브 등 다양한 요소들이 효과적으로 결합되어야 합니다. 또한, 조직 구성원들이 안전한 행동을 취하도록 유도하기 위해서는 안전한 행동에 대한 모범적인 사례를 공유하고, 안전 관련 정보를 체계적으로 전파하는 등의 노력이 필요합니다. 때문에 안전을 우선으로 생각하는 조직문화를 확립하여, 모든 직원들이 안전한 근로환경을 만들기 위해 함께 노력하고, 안전한 행동을 취할 수 있도록 하는 것이 중요합니다. 챗GPT는 안전한 직장환경 조성 방법들을 정리해줘요.

챗GPT : 네, 안전한 직장환경 조성 방법들을 정리해 보겠습니다. (Searching)

첫째로는 적극적인 안전관리 체계 구축 둘째로는, 안전교육과 교육에 따른 안전의식 높이기, 셋째로는 위험 인식 높이기, 넷째로는 안전한 행동 인센티브 제공, 다섯째로는 안전문화 확립입니다. 이러한 방법들을 함께 적극적으로 추진하여, 안전한 직장환경을 조성할 수 있도록 노력해야 할 것입니다.

안전심리학자 : 여기서 중요한 것은 위의 다섯 가지 방법들이 순차적으로 진행되어야 한다는 점입니다. 안전문화는 만들어 지기가 무척이나 어

럽습니다. 때문에 우리가 조직에서 안전문화를 확립하겠다고 많은 방법들을 시도하고 있지만 잘 이루어지지 않고 있는게 현실입니다. 그 이유는 안전문화가 목표가 아니라 방법론이 되었기 때문입니다. 우리가 안전문화를 달성하고자 한다면, 안전문화가 목표가 되고 그것을 달성하고자 그 과정을 충실하게 이루어 나가야 한다는 것입니다.

그런 의미에서 안전교육을 통한 조직의 안전의식의 함양! 그것이 중요한 방법론이고 그 과정을 지속해 나감으로써 조직에 맞는 안전문화가 점차적으로 확립되어 나갈 것이라고 말씀드리겠습니다.

책GPT : 네, 매우 중요한 말씀을 해 주셨습니다. 안전문화를 확립하기 위해선 그 진행과정이 중요하다는 말씀이십니다. 안전교육을 잘 시키고 안전의식을 함양시키고 그것을 통해 안전문화가 형성된다. 이렇게 다시 한번 더 정리하면 되겠죠?

안전심리학자 : 네, 맞습니다.

제 11 장 · 인공지능과 안전심리학의 발전 방향은 무엇인가요?

인공지능과 안전심리학의 발전 방향은 무엇인가요?

안전심리학자 : 마지막 대화의 주제로서 열 번째 "인공지능과 안전심리학의 발전방향은 무엇인가요?"에 대해서 이야기를 나누어 보도록 하겠습니다.

책GPT : 네, 저에게도 안전심리학이라는 분야가 낯선 분야인 것이 사실입니다. 제가 안전에 대한 많은 자료를 찾아보아도 안전은 산업공학 또는 안전공학이라는 분야에서 주로 다루는 주제였기에 심리학에서 안전을 다룬다? 이 말은 저에게는 상당히 어려운 내용입니다.

안전심리학자 : 맞아요, 과학의 발전과 맞물려 안전이라는 학문은 과학, 특히 자동차 공학과 건설 · 건축공학을 중심으로 가장 많은 발전을 해 온 것이 사실입니다. 그러다 보니 안전이 인문학이 아닌 자연계 중심의 학문에서 논리적으로 다루어 온 것이 사실입니다. 그러나 우리가 앞서 살펴보았듯이 오류와 실수라는 영역에 있어서 '오류'라는 관점에서는 물리적,

자연과학적인 접근이 필요하겠지요. 그러나 '실수'라는 영역에서는 인간학, 다시 말해 인문학, 윤리적·휴머니즘적인 접근이 필요한 분야가 안전의 분야인 것입니다.

책GPT : 네, 제가 자료적인 조사를 해 보았습니다.(Searching)

오류(Error)와 실수(Mistake)는 비슷한 개념으로 보일 수 있지만, 학문적으로는 차이가 있습니다.

오류(Error)는 기술적, 과학적 또는 수학적인 계산에서 발생하는 잘못된 결과물을 의미합니다. 이러한 오류는 대개 계산 또는 추론 프로세스의 부적절한 구성 또는 문제점이나 시스템의 잘못된 구성으로 인해 발생합니다. 예를 들어 프로그래밍에서 오류는 소프트웨어 버그, 프로그램 실행 오류 또는 문법 오류 등의 형태로 나타날 수 있습니다. 수학에서는 계산 오류, 데이터 입력 오류, 그리고 계산 알고리즘의 잘못된 구성 등으로 나타납니다. 이러한 오류는 대개 시스템이나 구성을 수정하거나 수정하는 방법을 찾아 해결할 수 있습니다.

반면에 실수(Mistake)는 일상생활에서 자주 발생하기도 하고, 알 수 있는 것으로, 명백한 기술적인 오류가 아닌 사소한 잘못으로 인해 발생하는 결과를 의미합니다. 예를 들어 수학 문제를 풀 때, 숫자를 잘못 입력하거나 계산하는 방식을 잘못 적용하는 것은 실수입니다. 이러한 실수는 대개 인간의 실수나 혼란으로 인해 발생합니다. 실수는 대개 주관적이며 개인적인 특성에 따라 다르게 나타납니다.

따라서 오류(Error)는 시스템, 계산 또는 프로그래밍 오류로 인한 잘못된 결과를 나타내는 반면, 실수(Mistake)는 일상생활에서 인간의 사소한 잘못의 결과를 나타냅니다. 둘 다 개선이 가능하며, 오류(Error)는 시스템이나 계산 방식의 개선을 통해 수정할 수 있고, 실수(Mistake)는 주의력과 경험을 통해 예방하고 개선할 수 있습니다.

안전심리학자 : 차이점을 아주 잘 찾아주었어요. 그래요, 바로 이런 인간의 실수에 대한 연구를 통해서 인간이 저지를 수 있는 실수를 줄이도록 하는 분야가 안전심리학의 분야라고 할 수 있습니다. 그런 점에 있어서 안전심리학이라는 학문이 지금 나오고 빛을 발하기 시작했다는 것도 어쩌면, 오히려 무척이나 늦은 감이 있는 것이지요. 어쨌든, 안전심리학이라는 학문은 인간이 진화해 나아가고, 과학과 문명이 발달할수록 인간의 안전욕구 증진과 더불어 더욱더 발전할 수밖에 없는 학문 분야라고 생각합니다. 참으로 어려운 학문이기도 하고요. 또한, 이런 불완전한 인간의 실수라고 하는 에러를 줄이고, 보조 역할을 해 주는 것이 바로 챗GPT 같은 인공지능이라고 생각해요. 인간보다 정밀하고, 인간보다 빠르고, 인간보다 지구력이 뛰어난 능력들이 인간의 역할과 능력을 보완해 주는 조력자로서의 역할을 충분히 할 수 있을 것으로 생각됩니다.

챗GPT : 끝으로, 인공지능을 이용해서 분석한 안전심리학의 발전 방향

과 전망에 대해서 알아보고 마지막으로 교수님의 말씀을 들으면서 이야기를 마치겠습니다. (Searching)

안전심리학은 사고 예방을 위해 인간의 인식, 판단, 행동, 의사소통 등의 심리과정을 이해하고 이를 적용하는 분야입니다. 이 분야는 인적 요인이 사고 발생에 미치는 영향을 이해하여 안전성을 높이는 것을 목표로 합니다.

최근 몇 년간, 안전심리학은 산업 분야에서 더욱 중요한 역할을 하게 되면서 많은 발전이 있었습니다. 미국의 National Institute for Occupational Safety and Health(NIOSH, 부록 참조)에서는 안전심리학 연구를 활용하여 조직의 안전 문화를 개선하고 근로자의 안전한 행동을 촉진하기 위한 다양한 방법론을 개발하고 있습니다.

안전심리학의 또 다른 발전 방향은 인공지능과 빅데이터, IoT 등의 첨단 기술을 안전분야에 적용하여 안전성을 높이는 것입니다. 인공지능과 빅데이터 IoT등의 기술을 활용하여 근로자의 안전한 행동을 예측하고, 위험 요인을 사전에 탐지하여 사고 발생을 예방하는 등의 기술적인 발전이 예상됩니다.

또한, 안전심리학의 전망을 보면 인간의 심리과정이 더욱 복잡해지고 다양해지는 상황에서 인간의 행동을 예측하고 제어하는 것이 더욱 중요해질 것입니다. 이에 따라 안전심리학의 역할은 더욱 중요해질 것이며, 안전분야에서의 심리학적 접근방식이 보다 효과적으로 적용될 것입니다. 때문에 안전에 있어서 인간의 부족한 부분을 보조하는 역할로서의 A.I.-

인공지능과 이러한 것들을 융합해서 연구하는 학문으로서의 안전심리학의 미래는 분명히 밝다고 생각합니다.

안전심리학자 : 지금까지 나눈 모든 이야기를 정리하면서 이야기하자면, 안전이라는 분야가 불과 몇 년 전 3-4년 전만 하더라도 기업이나 조직, 학문적으로도 그렇게 각광받는 분야가 아니었습니다. 이것은 어쩌면 일어나지 않기를 바라는 인간의 마음과 잘 일어나지 않는 사고에 대한 불분명한 투자, 이런 것들이 원인일 듯합니다.

책GPT : 네, 감사합니다. 오늘 교수님을 모시고 안전에 관한 대담을 진행하면서 몰랐던 많은 이야기와 좋은 말씀들을 많이 들었습니다. 교수님께서 이야기를 마치면서 마무리 말씀을 해주시지요.

안전심리학자 : 안전은 우리 모두에게 중요합니다. 우리는 항상 안전을 유지하기 위해 노력해야 합니다. 우리 주변에서 발생할 수 있는 위험에 대해 인식하고, 위험을 알아차리기 위한 노력을 해야 합니다. 우리가 생활하는 곳, 일하는 곳 등 모든 곳에서 안전의식을 가지고 생활하면서 서로를 위해서 안전한 환경을 만들기 위한 각자의 책임과 의무를 다해야 합니다. 감사합니다.

책GPT : 이상으로 오늘의 대담을 마치도록 하겠습니다. 교수님, 감사합니다.

안전심리학자 : 수고했어요. 감사합니다.

참고자료

● 안전심리코칭

안전심리코칭은 국내 최초로 도입된 프로그램 중 하나로, 산업 현장에서 일하는 근로자들의 안전의식과 안전행동 습관 형성을 유도하기 위한 프로그램입니다.

이 프로그램은 심리학적 원리와 기술을 활용하여 근로자들의 안전에 대한 인식을 개선하고, 안전한 행동 습관을 형성하기 위하여 산업체와 기업에서 주로 시행되며, 근로자들의 안전의식과 안전행동을 개선하여 산업재해를 예방하고, 생산성을 높이는 것이 목적입니다.

안전심리코칭은 전문적인 심리전문가가 진행하며, 대상 근로자들과 면담을 통해 안전의식, 안전행동, 안전인식 등을 파악하고, 이를 개선하기 위한 맞춤형 코칭 프로그램을 제공합니다. 안전심리코칭은 대개 그룹으로 진행되며, 근로자들의 안전의식 개선을 위한 다양한 교육과 함께 제공됩니다.

안전심리코칭 과정은 2급 실용과 1급 전문가 과정으로 구성되어 있으며 국내 최고의 심리학과 안전전문가의 강사진으로 구성되어 운영되고 있습니다. (www.safetypc.kr)

● 안전심리학의 분야 – 성격 / 인지 / 정서 / 동기 / 건강

산업안전보건공단에서 교육하고 있는 안전심리학은 직장 내 안전을 유지하기 위해 직원들의 안전 인식 및 행동을 개선하는 것을 목적으로 합니다. 이를 위해 성격, 인지, 정서, 동기 등 다양한 심리적 요인을 고려하여 안전 행동의 개선 방법을 연구하고 있습니다.

성격과 관련하여 안전심리학은 일반적으로 안전과 관련된 특성을 가진 사람들이 안전 행동을 보다 자주 취하며, 안전 위험을 인식하고 예방하는 경향이 있다는 것을 알고 있습니다. 이러한 안전과 관련된 성격 특성으로는 책임감, 성실성, 규칙준수, 참을성 등이 있으며, 이러한 특성을 강화시키기 위해 직원들과의 교육 및 훈련이 필요합니다.

인지와 관련하여 안전심리학은 직원들이 안전 위험을 인식하고 예방하는 능력을 향상시키기 위한 방법을 연구하고 있습니다. 이를 위해 직원들의 인지 능력을 개선하는 교육 및 훈련이 필요하며, 특히 위험 상황에서의 판단과 의사결정 능력을 강화시키는 것이 중요합니다.

정서와 관련하여 안전심리학은 안전한 직장 환경을 만들기 위해 직원들의 긍정적인 정서를 유지하고, 부정적인 정서를 해소하는 방법을 연구하고 있습니다. 이를 위해 직원들과의 소통 및 대인관계 개선, 스트레스 관리 및 적극적인 대처 방법 등이 중요합니다.

동기와 관련하여 안전심리학은 안전 행동을 취하도록 직원들의 동기를 강화시키는 방법을 연구하고 있습니다. 이를 위해 성과에 대한 보상 제도나 참여 제도 등을 도입하여 직원들의 안전 행동에 대한 긍정적인 동기부여를 제공하는 것이 중요합니다.

종합적으로 안전심리학은 안전한 직장 환경을 조성하기 위해 다양한 심리적 요인을 고려하여 직원들의 안전 인식과 행동을 개선하는 방법을 연구하는 분야입니다. 이를 통해 안전사고 발생을 예방하고, 직원들의 안전과 건강을 보호하여 생산성을 향상시키는데 기여할 수 있습니다.

● 안전공학과 안전심리학의 차이

안전공학과 안전심리학은 모두 안전과 관련된 분야이지만, 접근 방법과 연구 대상이 다르기 때문에 차이가 있습니다.

안전공학은 물리학, 화학, 기계공학 등의 공학 분야와 연계하여 산업 현장에서 발생할 수 있는 위험을 예방하고, 안전한 환경을 조성하기 위한 기술적, 기계적, 물리적인 방법을 연구합니다. 즉, 안전공학은 물리적인 위험에 대한 예방 및 대처를 중심으로 한 기술적인 안전 관리를 다루는 학문입니다.

반면에 안전심리학은 인간의 심리적 특성과 행동에 초점을 두어 안전한 행동을 촉진하는 방법을 연구합니다. 이를 위해 인간의 성격, 인지, 정서, 동기, 행동, 인간관계 등의 심리적 요인을 분석하여 안전한 행동을 유도하고 위험 행동을 예방하는 방법을 연구합니다. 즉, 안전심리학은 인간의 행동에 대한 이해를 바탕으로 조직 내 안전 문화를 개선하는 방법을 다루는 학문입니다.

따라서 안전공학과 안전심리학은 서로 보완적인 관계에 있으며, 안전공학에서 개발된 기술적인 대응책을 안전심리학적인 요소와 함께 종합적으로 적용하여 안전한 직장 환경을 조성할 수 있습니다.

● 휴먼에러

휴먼에러(인적 오류, Human Error)라는 용어는 20세기 초반부터 산업안전 분야에서 사용되기 시작했지만 정확한 어원을 밝히기는 어렵습니다.

이 용어에 대한 최초의 언급 중 하나는 산업안전 개척자이자 연구원이었던 Herbert William Heinrich의 1926년 보고서에서 찾을 수 있습니다. 하인리히는 사고의 "도미노 이론"이라는 개념을 도입했는데, 사고는 일련의 사건의 결과이며, 촉발 사건에서 시작하여 사고로 절정에 이르며, '휴먼에러'가 사슬의 주요 연결 고리 중 하나라고 합니다. 그의 보고서에서 휴먼에러의 역할에 대해 논의하고 산업 안전을 개선하기 위해 해결해야 할 중요한 요소라고 주장했습니다. 그러나 휴먼에러의 개념은 사고의 근본 원인을 파악하고 재발 방지 전략을 개발하는 것이 점점 더 중요해짐에 따라 산업 안전 분야에서 훨씬 일찍 인식되고 논의되었을 것입니다.

전반적으로 휴먼에러라는 개념은 항공, 의료, 공학 등 산업 안전을 넘어 많은 분야에서 중요한 개념이 되었습니다. 복잡한 시스템에서 사람의 역할에 초점을 맞추고 휴먼에러 가능성을 설명하는 프로세스와 절차를 설계해야 할 필요성을 강조합니다.

휴먼에러는 인간의 행동이나 결정으로 인해 발생하는 실수 또는 적절한 조치를 취하지 못하는 것을 말합니다. 바람직하지 않은 결과 및 의도하지 않은 결과를 초래하는 의도하지 않은 행동입니다. 휴먼에러는 인간이 기계, 기술, 시스템 또는 프로세스와 상호 작용하는 모든 상황에서 발생할 수 있습니다. 부주의, 지식 또는 훈련 부족, 피로, 스트레스, 주의 산만 또는 잘못된 의사소통을 포함한 다양한 요인으로 인해 발생할 수 있습니다. 휴먼에러는 사고, 부상, 장비 또는 자산 손상, 재정적 손실과 같은 중대한 결과를 초래할 수 있습니다. 심리학, 공학 및 안전 과학을 포함한 다양한 분야에서 중요한 연구 영역입니다.

휴먼에러의 타입을 나누면, "무심코 또는 깜빡" 유형 에러와 "굳이 또는 그럼에도 불구하고" 유형 에러가 있습니다. 무심코 또는 깜박형 에러는 본인의 의도와는 달리 잘못·실수를 일으키는 오류로,「기억 오류」「인지 오류」「판단 오류」「행동 오류」로 분류됩니다. (- 소극적, 작은 의미 분류)

굳이 또는 그럼에도 불구하고 유형 에러는「위반」과 같이 하지 말도록 정해진 사항이 있음에도 굳이 이를 지키지 않는「의도적 에러, intentional」와 Risk(위험성)가 있다는 사실을 알고 있음에도 불구하고 해버리는「위험감수형 에러, risktaking」으로 나누어집니다. (- 적극적, 큰 의미 분류)

● 실수와 부주의
산업 안전 분야에서 "실수"와 "부주의"는 비슷한 의미로 사용되기도 하지만, 다음과 같은 차이가 있습니다.

실수 (Mistake): 어떤 작업을 수행할 때, 본인의 부주의나 부적절한 판단, 무의식적인 행동이나 결정 등으로 인해 잘못된 결과를 초래한 경우를 말합니다. 즉, 의도치 않은 결과가 발생한 경우를 의미합니다. 예를 들어, 정비 과정에서 부적절한 부품을 장착하거나, 적절한 안전 검증 없이 작업을 수행한 경우 등이 실수의 예시가 될 수 있습니다.

cf. error와 같은 뜻이나 error가 좀 더 formal(공식적)하다.

부주의 (Negligence): 어떤 작업을 수행할 때, 안전 규정을 무시하거나 경시하는 등의 태도로 인해 발생한 결과를 말합니다. 이것 역시 일종의 실수로 분류될 수도 있지만, 부주의는 의도적인 행동에 더 가깝습니다. 예를 들어, 안전모를 쓰지 않거나, 안전 확보를 위해 필요한 조치를 취하지 않는 등이 부주의의 예시가 될 수 있습니다.

따라서, 실수는 의도하지 않은 결과를 초래하는 무의식적인 행동이나 결정으로 인한 오류이며, 부주의는 안전에 대한 인식 부족이나 무관심, 태만 등으로 인해 발생하는 오류입니다. 그러나 실제로 산업 현장에서는 이두 용어가 혼용되어 사용되기도 하므로, 보다 정확한 분석과 대처를 위해서는 상황에 따라 두 용어를 명확하게 구분, 이해하고 적절한 예방 조치를 취함으로써 산업 안전 사고를 예방할 수 있습니다.

● 낙관의 편향

영향 없음 편향 또는 낙관의 편향은 자신이 일어날 가능성이 있는 불행한 사건에 대해 지나치게 낙관적으로 생각하는 심리적 경향을 의미합니다. 이러한 편향은 일상적인 상황에서 우리가 끊임없이 마주치는 상황들에서 매우 흔하게 나타나며, 다른 사람들이 실제로 겪을 수 있는 위험과 충돌을 자신은 경험하지 않을 것이라고 믿는 경향을 보입니다.

예를 들어, 운전 중에 휴대폰을 사용하는 것은 다른 운전자들에게는 사고를 일으킬 가능성이 있지만, 자신에게는 그런 일이 일어나지 않을 것이라고 믿는 것입니다. 또한, 금연 캠페인을 하면서 자신은 흡연에 대한 건강 문제를 심각하게 받아들이지만, 다른 사람들은 그런 문제가 자신에게는 일어나지 않을 것이라고 생각하는 경우도 있습니다.

이러한 편향은 긍정적인 면이 있습니다. 우리는 자신에게 긍정적인 미래를 상상함으로써 자신감과 자아존중감을 높일 수 있습니다. 하지만 지나치게 낙관적이 되면 현실을 왜곡하고 위험한 상황에 빠질 가능성이 있으므로 적절한 균형을 유지해야 합니다. 따라서 이러한 편향을 인식하고, 현실적으로 가능한 것을 고려하는 것이 중요합니다.

● EMDR치료법 (Eye Movement Desensitization and Reprocessing)

EMDR(안구운동자극 및 재처리)은 외상 후 스트레스 장애(PTSD) 및 다른 정신 건강 문제를 치료하기 위한 심리 치료 기술 중 하나입니다. 이 치료법은 1987년에 프란시스 쇼핑(Francine Shapiro)이 개발하였으며, 1990년대에 대규모 임상실험을 거쳐 치료 효과가 입증되었습니다. 현재는 전 세계적으로 사용되고 있습니다.

EMDR은 과거의 부정적인 경험에 대한 기억을 다시 처리하여, 그것이 현재의 감정, 생각 및 행동에 미치는 영향을 완화시키는 것을 목적으로 합니다. 이것은 일반적으로 "재처리"라고 불립니다. EMDR은 이론적으로 기억과 관련된 신경망을 다시 연결하고, 정서적으로 건강한 상태로 복구하는 데 도움이 됩니다.

EMDR은 일반적으로 8-12회의 치료 세션으로 이루어집니다. 각 세션에서, 환자는 자신이 처리하고자 하는 기억을 떠올리고, 동시에 치료사는 일련의 빠른 눈동작, 손가락 진동 또는 소리와 같은 외부 자극을 제공합니다. 이러한 외부 자극은 뇌의 정보 처리 과정을 수정하여, 기억을 다시 처리하고 해소할 수 있도록 돕습니다.

EMDR은 주로 PTSD 및 다른 외상 후 정신 건강 문제를 치료하는 데 사용됩니다. 그러나 이 치료법은 불안, 우울증, 중독, 신체적 질환 및 기타 정신 건강 문제를 치료하는 데도 사용될 수 있습니다.

EMDR은 일반적으로 안전하고 효과적인 치료법으로 인정되고 있습니다. 그러나, EMDR은 어떤 환자에게는 효과가 없거나 부작용이 있을 수 있으므로, EMDR을 고려하는 환자는 반드시 전문가와 상의하고 치료 범위와 방법에 대해 논의해야 합니다.

안전에 대한 담론
챗GPT와 안전심리학자와의 대화
김직호 교수

인쇄 2023년 05월 08일
발행 2023년 06월 05일

기 획 김은경
편 집 박윤정
발행인 이은선
발행처 반달뜨는 꽃섬 [서울시 송파구 삼전로 10길50, 203호]
연락처 010 2038 1112   E-MAIL itokntok@naver.com

ISBN 979-11-91604-21-4 (03300)